物流改变世界历史

[日]玉木俊明 著
苏俊林 侯振兵 周 璐 译

图书在版编目(CIP)数据

物流改变世界历史 /（日）玉木俊明著；苏俊林，侯振兵译. ——北京：华夏出版社有限公司，2022.1
ISBN 978-7-5222-0192-4

Ⅰ.①物… Ⅱ.①玉… ②苏… ③侯… Ⅲ.①物流-经济史-世界 Ⅳ.①F259.1

中国版本图书馆 CIP 数据核字（2021）第 207303 号

BUTSURYU WA SEKAISHI WO DO KAETANOKA
Copyright © 2018 by Toshiaki TAMAKI
All rights reserved.
First original Japanese edition published by PHP Institute, Inc., Japan.
Simplified Chinese translation rights arranged with PHP Institute, Inc. through Rightol Media Limited

版权所有，翻印必究。
北京市版权局著作权登记号：图字 01-2020-4502 号

物流改变世界历史

作　　者	[日] 玉木俊明
译　　者	苏俊林　侯振兵　周　璐
责任编辑	刘　伟
责任印制	周　然
出版发行	华夏出版社有限公司
经　　销	新华书店
印　　装	三河市万龙印装有限公司
版　　次	2022年1月北京第1版 2022年1月北京第1次印刷
开　　本	787×1092　1/32开
印　　张	6.25
字　　数	100千字
定　　价	49.80元

华夏出版社有限公司　地址：北京市东直门外香河园北里4号　邮编：100028
网址：www.hxph.com.cn　电话：（010）64663331（转）
若发现本版图书有印装质量问题，请与我社营销中心联系调换。

前　言

虽有落入俗套之感，但用"全球化"一词来表示现代社会仍是必不可少的。

以在 Amazon 上购物为例。动手点一点，就能购买世界上的商品。Amazon 是如实展示世界一体化的典型事例。

世界上任何地方的各种商品都可以邮寄到家，这是多么让人惊讶的事情啊。

网络技术的发展是全球化至关重要的因素，这无疑是正确的。但与此同时，如果不关注物流是如何发展的，可能会忽略全球化的重要一面。

世界上的商品可以邮寄到家，表明国际物流体系得到了发展。正因如此，我们的生活变得非常方便。不过，这

种物流体系的发展并非仅存于现代社会，而应是很早之前就已存在。

无论什么样的社会，都不可能过着完全自给自足的生活。人们必须交换商品才能生存下去。可能最初的时候商品交换的范围相当狭小，但随着商品交换范围的逐渐扩大，世界物流也逐渐一体化。因此，研究全球化可以说就是研究物流体系的发展历史。

然而，对于物流历史的研究几乎没什么进展。商品是如何拿到手的，人们对此不甚清楚。

迄今为止的历史研究，都将商品开发作为研究重点。相较而言，商品入手的具体途径的研究则进展迟缓。然而，即便某些重要商品已经被开发出来，但如果不能将其送到消费者手中，商品就没有售卖。

本书尝试从物流的角度来考察历史，向读者展示不一样的历史面貌。例如，我们认为英国霸权（"大不列颠治下的和平"）形成的最重要因素不是产业革命，而是1651年克伦威尔制定的航海法，以及英国对物流的重视等。

这样看来，迄今为止不被关注的物流，可能正是解读世界历史动因的关键。本书正是基于这些问题意识的产物。

全书共16章,按时代顺序排列。因为我的专业的缘故,欧洲历史所占篇幅较多。近代以来欧洲的对外发展必然向其他地区扩张,所以也会言及整个世界的物流。

本书重点关注的是从事国际贸易的人们,以及国家的作用。例如,腓尼基人、汉萨同盟的商人、葡萄牙人、伊比利亚半岛系的塞法迪犹太人、活跃于中东商业界的亚美尼亚人的广阔地区及其商业网络等,仍有很大的研究空间。

另外,我们也会重视国家的作用,如中国从秦到汉的商业政策,英国、荷兰的东印度公司,美国的中立政策,等等。

前文所述的内容,可能多数读者并不熟悉。但在全世界的历史学界,相关研究取得了很大进展。如果灵活运用这些领域的成果,本书可能会给读者带来知识上的刺激。

本书不是概论,各章标题也限定了写作内容。不过,因为是按年代顺序排列,也可以当作概论来阅读。读者可以从本书中获得世界物流历史的相关知识。

我们希望通过阅读本书,可以从物流角度来理解现代世界的形成过程。当时主流国家的形成,国家间的竞争,产品开发的历史,这些内容迥异的历史面貌,本书都将予以展示。

物流的历史，正是世界一体化即全球化的历史。

本书的策划由 PHP 研究所第一制作部的西村健先生所提议。接受西村先生的提议之后，我撰写了草案，之后又接受了西村先生的建议，在此基础上写成此书。因此，本书得以完成，西村先生的建议是不可或缺的。借此机会表示感谢。

介绍我认识西村先生的是京都产业大学世界问题研究所所长东乡和彦教授。东乡先生多次出席我主持的研究会，每次都发表非常珍贵的评论。不仅如此，其对京都产业大学的国际化也非常热心。日常活动中东乡先生也提供了很多帮助，在此深表感谢。

本书的参考文献很多，多数都是外国书，故而"参考文献一览"也予以舍弃。①

2017 年 12 月　新加坡

玉木俊明

---

① 关于物流世界史的最新研究，可参见谷泽毅：《世界流通史》，昭和堂，2017 年。——原注

目录

前言

第一章 腓尼基人为何因地中海贸易而繁荣

何为腓尼基人	001
贸易中心城市推罗	005
古代世界与奴隶	008
迦太基的兴盛与灭亡	010
无腓尼基人则无罗马人	013

第二章 为何东亚先于欧洲发展了经济

春秋、战国时期的经济发展	018

波及现代的始皇帝影响	020
汉承秦制	023
武帝的积极政策	024
划时代的均输法与平准法	027

第三章　伊斯兰王朝如何蓄积国力

阿拔斯革命对世界宗教的影响	031
肩负印度洋贸易中心的穆斯林商人	033
印度洋的伊斯兰化与中国的影响	035
穆斯林以外的商人	037

第四章　维京人为何败于汉萨同盟

作为商人的维京人	043
维京人的后继者汉萨同盟	044
波罗的海贸易与汉萨	046
荷兰的崛起	049

第五章　为何中国会因朝贡贸易而衰落

"早期贸易时代" 051
成为交汇点的马六甲、琉球 052
朝贡贸易——物流体系委于他国 056
西班牙帆船将白银从新大陆运往中国 059

第六章　地中海为何衰退，波罗的海·北海沿岸诸国为何崛起

从发达地区沦为落后地区的意大利与地中海 063
从地中海地区进口盐的波罗的海诸国 064
近代意大利经济增长的局限 066
能源供给的局限 069
往来于地中海的斯维登之船 070

第七章　好望角航线如何改变亚欧关系

欧洲和亚洲经济实力的逆转	078
进入亚洲的非官方葡萄牙商人	079
支持葡萄牙对外扩张的新基督教徒	081
连结亚洲和新大陆的葡萄牙商人	082

第八章　东印度公司做了什么

英国、荷兰的东印度公司	087
东印度公司新在何处	090
葡萄牙人在亚洲的重要性	092
亚美尼亚人与英国东印度公司的合作关系	094
并非用军事力量进行压制	096

第九章　荷兰为何成为世界上首个霸权国家

波罗的海贸易——荷兰的"母亲贸易"	099

欧洲的人口增长	101
造就荷兰霸权的谷物运输	103
欧洲森林资源的枯竭	107
从谷物时代到原材料时代	108
波罗的海地区贸易中使用的荷兰"飞船"	109

第十章 "大不列颠治下的和平"如何实现

成为世界最大帝国的英国	111
"最明智的政策"——航海法的制定	113
国家管理贸易活动的独特体系	115
驶往拉丁美洲国家的定期航班	117
亚洲内部物流也由英国担负的理由	119
英国不是世界工厂,而是世界的运输业者	121

第十一章 无国之民如何改变世界历史 1
——亚美尼亚人

何为"大流散"	123
亚美尼亚历史概要	125
将伊朗丝绸运往欧洲	128
与俄罗斯的贸易——伏尔加河路线威胁其他路线	130
被招揽到印度的亚美尼亚商人	131
"东印度贸易"中不可或缺的存在	133

第十二章 无国之民如何改变世界历史 2
——塞法迪犹太人

何为塞法迪人	135
扩散的塞法迪人	136
在加勒比海种植甘蔗的塞法迪人	138
地中海的珊瑚向印度出口	140
与亚美尼亚人网络的比较	142

第十三章　英国人的"茶文化"如何形成

何为"中国语"障碍	145
"小国"瑞典发挥的巨大作用	147
法国东印度公司的走私	150
若无茶叶走私,茶就不会在英国普及	152

第十四章　为何英国诞生了世界上最早的工业革命

工业化以前已有工业化——何为原始工业化	156
原始工业化理论的失败	157
工业地区生产的东西是什么	160
北欧河流的重要性	161
可支配收入增加带来了什么	163
原始工业化和工业革命的关系	164
欧洲和其他地区的差异	166

第十五章 何为美国"海上国境"

脱离英国航海法保护的美国 169
美国的中立贸易 171
海上国境 173

第十六章 19世纪亚洲和西欧的经济实力为何如此悬殊

19世纪全世界的市场一体化 175
19世纪欧洲经济有多大发展 177
铁路的发达导致铁工业飞跃 178
大为改善的欧洲人的饮食状况 180
远渡大西洋的欧洲劳动者 182
向澳大利亚和新西兰的移民——以女家庭教师为例 185

第一章

腓尼基人为何因地中海贸易而繁荣

何为腓尼基人

在世界历史的教科书中,"腓尼基人"是指爱琴海文明的克里特文明(前2000—前1400年左右)和迈锡尼文明(前1600—前1200年左右)衰落之后,因地中海贸易而兴起的民族。

然而,关于该民族的事情实际上并不十分清楚。但可以确定的是,他们因贸易和海运业而非常活跃。

腓尼基人经常被用来与定居在幼发拉底河上游、进行内陆贸易的亚拉姆人相比较。亚拉姆人组成商队,用骆驼在叙利亚沙漠等地区进行贸易。与之相反,腓尼基人则因海上贸易而活跃。

亚拉姆人发明了亚拉姆文字,这是希伯来文、阿拉伯

文、叙利亚文、突厥文、维吾尔文的前身。

与此相对的是,腓尼基人对残留有象形文字特征的古拉丁字母进行改良,形成线形文字,成为现在仍在使用的字母的基础。可能是为了商业贸易的目的,他们发展了文字。因为在贸易中不仅仅是交谈,还必须用文字与各民族进行沟通。

石刻上的腓尼基航船

腓尼基人以东地中海南岸为根据地发展地中海贸易。他们的输出品中,最初只有被称为"黎巴嫩杉"的

第一章 腓尼基人为何因地中海贸易而繁荣

杉材。其后,腓尼基人将黎巴嫩杉作为造船材料,投身于海运业。

腓尼基人的贸易路线已经到达整个地中海地区。在其全盛时期,腓尼基人到达西非,然后穿越红海,抵达印度洋。甚至有人认为,腓尼基人曾从红海到达非洲东部,绕过好望角,绕非洲一周。

即便是与古罗马相比,腓尼基人的贸易网络也是非常广阔的。

腓尼基的船在各个地区进行交易。当时的欧洲没有拥

腓尼基人在地中海岸经商

有比腓尼基人贸易网络更大的民族,地中海威信财产[1]的运输也由腓尼基人承担。

对地中海物流的控制是腓尼基人崛起的最重要因素。从公元前12世纪开始,腓尼基人几乎垄断了地中海的物流,并建立了多个殖民城市。因此,地中海物流被逐渐统一起来。腓尼基人所开辟的航路,可能被之后的罗马人、穆斯林商人、意大利商人、荷兰商人、英国商人等使用。

地中海商业是从腓尼基人开始的。腓尼基人将今黎巴嫩地区所产的黎巴嫩杉作为海运材料使用,从而开辟了地中海的航海路线。此后不断有人利用腓尼基人所开路的航路。

腓尼基人是世界历史上不能忽视的民族。腓尼基人发展的基础,首先是黎巴嫩杉的使用。其次,因受到波斯帝国阿契美尼德王朝的保护,殖民城市迦太基作为地中海物流的据点而得到发展。说腓尼基人奠定了此后地中海世界繁荣的基础,这并不为过。罗马人可能也利用了腓尼基人的商业网络。

---

[1] 威信财产,表示个人权威、权力的商品。——原注

第一章 腓尼基人为何因地中海贸易而繁荣

贸易中心城市推罗

腓尼基人建立的城市国家中，最著名的是西顿和推罗。

其中，推罗和以色列保持着友好关系，特别是在色列国王所罗门（前965—前926年左右在位）时代，推罗得到了很大发展。标志推罗崛起的重要事件是修建了犹太神耶和华的神庙。为了修建神庙，腓尼基人所拥有的优质木材——黎巴嫩杉是必不可少的。作为回馈，所罗门赠与推罗大量小麦和优质橄榄油。

所罗门的神庙历时20年才最终完工。在此期间，推罗不仅提供了大量劳动力，而且采伐和运输木材，甚至神殿的内部用品和装饰品的生产，使用的都是推罗的技术。

推罗和所罗门王的共同事业还在继续。所罗门王建造大型船只在红海地区进行贸易。因为与以色列的友好关系，推罗也参与了红海贸易，与很多城市都有来往。表1记录了与推罗进行交易的主要城市和贸易商品。推罗可谓是汇聚世界众多商品的贸易城市。

表 1　汇集于推罗的商品[①]

地名	种类	地名	种类
塔尔苏斯	银、金、锡、铅	大马士革	葡萄酒、羊毛
约帕（伊奥利亚）	奴隶、青铜商品	迪丹	乘马用的粗布
布托·托加尔玛	马、军马、骡马	毕布勒/卡迭什	羊、山羊
罗德岛	象牙、乌木	杰拉	香料、宝石、黄金
以色列	小麦、黍、蜂蜜、油、乳香（树脂的一种）		

推罗的贸易区域，从美索不达米亚北部延伸到了阿拉伯半岛、小亚细亚，从爱琴海扩展到地中海西部。这种程度的贸易网络在公元前 800 年就已经建立。

到了公元前 8 世纪，推罗开始在地中海沿岸建立殖民城市。但在公元前 8 世纪末期，亚述的萨尔贡二世灭亡了以色列王国，继他之后的辛那赫里布国王先后吞并了叙利亚、腓尼基和巴比伦。

---

① 粟田伸子、佐藤育子：《通商国家迦太基》（通商国家カルタゴ），讲谈社学术文库，2016 年，第 63 页。——原注

第一章　腓尼基人为何因地中海贸易而繁荣

亚述石刻描绘的去腓尼基运雪松情景

公元前12世纪到公元前11世纪,推罗遭受到来自北美索不达米亚的亚述的压迫。亚述不断进攻,到公元前9世纪的时候,亚述远征地中海已经常态化了。在此形势下,以推罗为代表的很多腓尼基人城市,不得不跨过地中海向西迁徙,建立殖民城市。因此,地中海地区的腓尼基人殖民城市多集中分布在地中海西部。

推罗曾被亚述征服,但后来又独立了,并因地中海贸易而繁荣起来。不过,到了公元前6世纪上叶,推罗被新巴比伦王国(前625—前539)的尼布甲尼撒二世包围达

13 年之久。

与此相反的是,灭掉新巴比伦王国而建立的波斯帝国阿契美尼德王朝保护腓尼基人的贸易活动,因此推罗再度作为物流据点而繁荣。众多商品经过推罗,由腓尼基人的船进行贸易。在此时期,推罗等地的腓尼基人结交波斯,势力也得到发展。腓尼基人甚至和希腊争夺地中海地区的商业霸权。

推罗的殖民城市中,最重要的是迦太基。迦太基在大约公元前 820 至前 814 年之间建国,公元前 6 世纪的时候,其已经成为西地中海地区的贸易中心。

古代世界与奴隶

可是,古代地中海地区为什么会建立殖民城市呢?

德国社会学者、历史学家马克斯·韦伯认为,古代社会成立的重要条件之一是依赖外来谷物的进口,这种情况可能在古希腊、古罗马甚至迦太基都存在。

希腊和罗马都曾因谷物不足而侵略其他地区。古罗马役使人数众多的奴隶,特别是在罗马辖州的某些大农场即奴隶主大庄园中,役使奴隶从事劳动。因为有奴隶这样的廉价劳动力,地中海型经济才得以繁荣。如果没有他们,经济很难发挥作用。这是地中海经济增长的重大局限。

另外,希腊没有成为政治上的大帝国,商业方面也是利用商人的网络。与此相反,迦太基和罗马则实行帝国化,拥有广阔的领土。

公元前146年,罗马对迦太基最后一战,撞城机上面刻有"迦太基必须毁灭"

对罗马而言,迦太基就是恶魔一样的存在。罗马是一个始终以占有广阔领土、用本国船只进口必要物资为目标

的国家。

迦太基的兴盛与灭亡

迦太基建在今突尼斯共和国的突尼斯市附近。与其他腓尼基人的城市一样,这里水位较浅,容易抛锚,港口便于船舶停泊。

横向来看,迦太基刚好位于地中海地区的中心位置,而且靠近西西里岛,控制着北非到意大利的地中海南北交通要道。因此,在地理位置上,迦太基处于地中海贸易网络的中心地带。

因为亚述、新巴比伦王国的兴起,推罗的商业贸易衰落了,迦太基逐渐取代母亲城市推罗,形成了庞大的商业网络。

公元前4世纪,西顿、推罗被亚历山大大帝所征服。这个时候,多数腓尼基人都迁往迦太基居住。因为这一事件,迦太基作为商业国家而繁荣起来。当时,迦太基的商船穿越直布罗陀海峡,抵达不列颠岛进行贸易,获得了锡等物品。腓尼基人的物流远达欧洲北海地区。

在地中海的东部,波斯战争之后的雅典变得强大,被

第一章 腓尼基人为何因地中海贸易而繁荣

称为"雅典帝国"。

另一方面,在西地中海地区,迦太基的势力得到很大发展。究其原因,应与迦太基具有其他腓尼基人殖民城市所没有的军事功能有很大关系。

迦太基将西西里岛、撒丁岛、科西嘉岛等置于自己的势力之下。这样的话,迦太基就与希腊人的殖民城市马萨利亚(今马赛)等对立起来。不过,由于希腊人的势力已经衰落,难以有大的抗争。

迦太基进而在伊比利亚半岛上建立起新迦太基、亚奎达尼亚、巴伦西亚、巴塞罗那等据点。迦太基控制了西西里岛的西半部分,激化了与东边的希腊人殖民城市锡拉库萨之间的对立矛盾。锡拉库萨向罗马请求援军,罗马抓住进入西西里岛的大好机会,与迦太基进行直接对决。

于是,布匿战争①(前264—前146)爆发了。

与多数腓尼基人的城市不同,拥有强大军事力量的迦太基必然会与罗马处于对立局面。迦太基与罗马之间爆发布匿战争并无任何不可思议之处。在战争中获胜的罗马成为了西地中海地区的霸主。

---

① 布匿战争,名字来自当时罗马对迦太基的称呼。——编者注

第二次布匿战争之扎马战役，汉尼拔第一次也是最后一次重大失利

准确来讲，布匿战争进行了三次。第一次在公元前264—公元前241年，第二次在公元前218—公元前201年，第三次在公元前149—公元前146年。三次布匿战争都以罗马的胜利告终，最终迦太基被灭国。

在第一次布匿战争中，罗马获得了意大利半岛之外的西西里领土。在第一次布匿战争和第二次布匿战争之间，罗马得到了迦太基的领土撒丁岛和科西嘉岛。因为第二次布匿战争的胜利，罗马又将西斯班尼亚纳入版图。然后，作为第三次布匿战争的结果，迦太基城市完全被破坏，焚毁殆尽，多数人成为奴隶。

与迦太基相关的文献史料大多已经亡佚。期待今后通过考古学遗址的调查，能掌握迦太基城市的大致状况，即便不能了解其全貌。

无腓尼基人则无罗马人

罗马灭亡了迦太基，地中海成了罗马的内海。但不要忘记，罗马可能继承了迦太基的物流体系。

罗马占领非洲北岸之后，奴隶被运往意大利半岛。地中海中航行着数量众多的罗马船。毫无疑问，他们使用的是腓尼基人甚至迦太基人所开拓的航线。

古罗马实现了地中海地区的政治统一，建立起罗马帝国。但是，我们在关注政治统一之余，对经济上的统一却缺乏深入思考。

如果没有腓尼基人，也就没有古罗马。正是因为有迦太基的物流体系，古罗马才能发挥其经济上的功能。就物流方面来看，甚至可以说古罗马是迦太基的继承者。我们应更加关注迦太基和古罗马在地中海物流上的连续性。

一般认为，地中海世界是由罗马所建成。但个人私见，这不过是欧洲人为了美化自己过去而虚构的幻想。

罗马石棺浮雕。农民采集豆类、挤羊奶情形。罗马农民参战打遍地中海,但求退役有块土地

罗马人从非洲的行省进口谷物,在意大利半岛种植橄榄等果树。正是因为其继承了迦太基人的地中海物流网络,罗马的谷物进口才有可能,这一点绝不应该被遗忘。假若没有迦太基,罗马也将不复存在。

第一章 腓尼基人为何因地中海贸易而繁荣

倘若没有腓尼基人会是什么样子?罗马将从零开始建设物流路线,这恐怕是难以完成之事,因为欧洲原本并不存在可称之为"航路"的事物。再者,造船技术、航海技术也必须从零开始进行开发。果真如此,罗马可能难以将地中海变成内海,而不过是位于意大利半岛的弹丸小国而已。因为能够利用腓尼基、迦太基的物流路线,罗马世界的维持、扩张方才成为可能。

第二章

为何东亚先于欧洲发展了经济

汉武帝在公元前141年即位,公元前87年去世,是中国历史上最为有名的皇帝之一。

山川出版社的《世界史名词集》(2014年)中这样写道:

> 西汉最强盛时期出现在第7代皇帝(译者按:即汉武帝)时期(前141—前87年在位)。其制定了最早的年号"建元"。54年的统治期间,其加强中央集权,对内将儒学官学化,大兴土木;对外征伐包括匈奴在内的越南、朝鲜,在其地置郡。因为这些事业,财政陷入困境,于是实行了盐铁专卖、均输、平准等经济政策。

的确,汉武帝重返了积极的对外政策。因为对匈战争、远征越南和朝鲜,国库急速恶化。于是,为了重整财政,汉武帝不得不实行多项财政政策。

前文只是列举了汉武帝改革中的财政改革。不过,改革也让物流变得兴盛起来,这促进了经济的发展。在此,试就这一问题展开论述。

但在此之前,有必要先谈谈从春秋、战国时期经过秦始皇到汉武帝时期的经济政策。因为汉武帝的经济政策被认为是秦始皇经济政策的延伸。

春秋、战国时期的经济发展

根据中国史书《史记》的记载,中国最初的王朝是夏王朝。此后接着是公元前16—公元前11世纪的殷王朝,公元前11世纪—公元前771年的(西)周王朝,自公元前770年周迁都洛邑,从此先后进入春秋、战国时期,中国也进入了长达500多年的天下大乱时代。

就军事方面来看,战国时期战争的主力从贵族的战车向步兵演变,而且铁制武器也得到普及。由于铁制农具和牛耕的普及,农业生产得到扩大。因为农业、手工业的发达，铸造了青铜货币。由此可见春秋、战国时期的经济发展迈上了一个新台阶。

在此状况下，秦成功统一了中国。中国经济在世界上早已具有相当高的水平，这也为秦所继承。而且，秦进一步发展了这种经济。

蜀地栈道模型。战国时期中国人凿山开路，利用栈道将山路崎岖的蜀地与关中联系起来

中国统一之时的秦王是嬴政（前247—前210年在位）。嬴政依据法家思想统一了中国，其统一度量衡，统一文字和货币。然后，嬴政采用中央集权的郡县制，进而登上"皇帝"之位，而不仅仅是王，自称"始皇帝"。

秦始皇以中国的经济增长为基础而统一全国。秦在战国时期就制造了半两钱，这种青铜货币以铜和锡铸成。世界上铜的产地很多，但锡的产地则很有限。制造青铜货币一事表明，交通极有可能也得到了发展。

中国的物流可能在春秋、战国时期就已经兴盛起来了。

波及现代的始皇帝影响

秦始皇的改革不仅对秦代或此后的中国，甚至对现代世界都有很大影响。如果没有秦始皇，我们可能生活在与现在完全不一样的世界之中。越是这样想，越能深刻感受到秦始皇的巨大伟业。

举个具体的例子。在公元前221年秦统一中国之前，中国有很多货币。因为秦将货币统一为半两钱，促使广阔疆域内的交易增多，也更加便利。

如果货币的种类很多，就要花费功夫进行兑换。此外，

第二章　为何东亚先于欧洲发展了经济

可能还须向兑换商支付手续费。兑换之时，金钱实际上已产生折耗。统一货币半两钱登场之后，此类问题将不复存在。

因为秦始皇，中国这样广阔的领土成为了单一货币圈。于是，在春秋、战国时期就已发展的经济更是加速发展。

而且，中国的文字也被统一为篆书，即小篆。现在中国依然是地区发音差别很大的国家，但因为文字相同，可以进行简单交流。奠定此基础的正是秦始皇。

小篆也传到日本，成为我们所使用的日文汉字的基础。不仅如此，说其是东亚世界的共通文字也不为过。因为小篆的传入，东亚世界甚至东南亚的部分地区交流变得非常容易。

再者，秦始皇建立了郡县制的中央集权体制。在春秋、战国时期，因为各地诸侯割据，中央政府的控制力很弱。秦始皇改为中央政府进行统一管理的体制，因此，经济活动的诸多障碍被消除。总而言之，因为秦始皇的政策，商业活动所附带的各种费用大幅降低。

从某种角度而言，其与现在的欧盟相类似。半两钱类似现在的欧元，文字和度量衡的统一是确保单一市场顺利发挥其功能的基本保障。

秦始皇建立起如此高效率的经济体系。中国的商品在单一市场内流通，这个市场是依靠国家权力建造而成的。国家介入市场，促进了商品的流通，即物流。

这一体系也基本为汉武帝所继承。

纺织酿酒画像石，四川成都市曾家包汉墓出土。画面分三部分。上部为狩猎图；中部为酿酒、织锦、马厩和阑锜图；下部左侧一人正在提水，右一人在烧火，其右侧有犬、鸭和鸡等

第二章　为何东亚先于欧洲发展了经济

汉承秦制

因为秦始皇推行非常激烈的改革,秦仅存在了 15 年,在公元前 206 年就灭亡了。随后争夺天下的是项羽和刘邦,最终刘邦获得胜利,在公元前 202 年建立了西汉王朝。

西汉是站在反秦立场上建立的国家。因此,西汉采用了不同于秦郡县制的郡国并行制。高祖刘邦不能无视跟随自己征战的诸侯的功劳,所以必须将他们封为诸侯,给予厚待。

高祖在直辖地实行中央集权体制的郡县制,其他地方则实行地方分权体制的封建制。这种政治体制被称为郡国并行制。

因此,与秦相比,西汉前期皇帝的权力显得相对弱小。但是,皇帝可以剥夺诸侯的权力以强化自己的权力。类似举措的不断出台引发了诸侯的反叛,公元前 154 年爆发了吴楚七国之乱。

吴楚七国之乱在很短时间内就被汉景帝所平定。加之随后出现的汉武帝治世,诸侯的力量被再次削弱,君主独裁制得到加强。这正是秦始皇所期望的政策。由此可以判定的是,其结果就是汉承秦制。

如此看来,秦到汉武帝的80多年,是皇帝独裁即中央集权化政策的历史。此政策发端于秦始皇,完成于汉武帝。在经济上,此政策以单一市场的产生为目标。

因此,西汉的经济实力得到强化。但随着以此为基础而进行的对外征战,西汉经济也展示出其脆弱化的一面。

如果秦始皇能够长生,可能也会施行积极的对外政策。这种情况并不局限于中国,手握大权的君王基本都是如此。

汉武帝的对外远征,不过是秦始皇长生的话也会做的事情。秦始皇到汉武帝的近百年间,中国调整好了适应经济发展的制度。

中国远远早于欧洲统一了文字和度量衡。而且,其影响并不局限于中国国内,而是波及亚洲各地特别是东亚地区。因此,亚洲形成了以中国为中心的经济体系,这是比欧洲更容易发展经济的制度。在欧盟产生以前,中国早已形成了单一市场,其影响波及亚洲的多数地区。这正是亚洲经济发展的关键。

武帝的积极政策

汉武帝几乎实现了对所有领土的统一控制,在中国南部甚至朝鲜半岛也推行郡县制。作为官吏选任制度,其制定了乡举里选的制度来选拔人才。而且,汉武帝接受了董仲舒的献策,实行独尊儒术的政策,儒学开始官学化。

蒲轮征贤。汉武帝征聘名儒申培公,为防止颠簸特用蒲草裹了车轮

另外,汉武帝明确了与游牧民族匈奴的对立姿态。例如,公元前139年,为了夹击匈奴,汉武帝派遣张骞出使大月氏国。张骞历尽艰险,十余年后才终于归国。

张骞出使西域

　　张骞报告了大月氏、大宛、乌孙等国的情况,汉武帝正式开始经营西域。公元前129年以后,以卫青、霍去病为将军来打击匈奴,从而成功进入西域。

　　再者,汉武帝在敦煌等地设郡,将统治领域扩展到了西域。此外,汉武帝灭亡南越国之后,在其地设置南海、日南等九郡,进入朝鲜并设置乐浪四郡,进行直接统治。如此,武帝时代将版图扩大到了今天中国疆域以外的世界。

第二章　为何东亚先于欧洲发展了经济

划时代的均输法与平准法

因为这些对外政策，西汉国库变得空虚。因此，汉武帝有必要重整财政。于是，桑弘羊登场了。

蜀地井盐生产景象，汉画像砖

汉武帝接受了桑弘羊的建议，将盐铁的税收移交国家财政管理。盐和铁是中国最为重要的产业。可是盐的生产地仅限于山西省以及四川省的部分地区（应还包括海盐生产地区——编者注），这些地方的制盐者和贩卖者获得了巨

额财富。另外，尽管农民并不缺少铁制农具，但冶铁业者及其贩卖者处于垄断状态，也获得了巨大利益。

盐和铁都要被课税，但之前并未纳入国家财政，所以汉武帝将其移交国家财政进行管理。此后更是引入了盐铁专卖制度。

此外，汉武帝还引入了均输法、平准法。所谓均输法，是指在地方设置均输官，由均输官购买物品，并运往中央。可以说，这是国家的商业行为，汉武帝试图以此来稳定国家财政。

所谓平准法，是指将均输官派往地方，在物价下跌的时候买入以拉高物价，在物价上涨的时候卖出以抑制物价。

更有甚者，汉武帝还实行对工商业者的财产税进行加税的政策，并由中央官署垄断货币的铸造。

这些财政改革，恐怕一直到现在欧洲也不可能采用。这是非常发达的经济体系。如果汉王朝也发行公债的话，则它将成为更加近代化的体系，偿还负债也更为容易。

汉武帝的财政改革并不是单纯的财政体系的改革，而是发明了一种国家介入经济、推动经济增长的体系。这是由秦始皇创建、汉武帝完成的体系。

均输法和平准法对特权大商人造成沉重打击,但却对普通百姓有利。不论是商品还是物流,都摆脱了由特定商人掌控的状态。

在汉武帝时代,这种影响可能没多少感觉。但是,从秦始皇开始、到汉武帝时候完成的单一市场,不仅剥夺了特权商人的特权,而且形成了多数商人都参与物流的社会。这对中国的经济增长产生了重要作用。

第三章

伊斯兰王朝如何蓄积国力

阿拔斯革命对世界宗教的影响

在世界历史上，7世纪是伊斯兰的世纪。622年，穆罕默德创立伊斯兰教，之后很快就进行了领土扩张。

穆罕默德时代（622—632）之后，是正统哈里发时代（632—661）。

所谓正统哈里发时代，是指穆罕默德的继承者完全由选举产生，并严格遵守穆罕默德教义的时代。在这个时代中，伊斯兰教的特征是进行吉哈德即"圣战"，将领土扩张到了西亚地区。伊斯兰势力先后征服了叙利亚、埃及和伊朗。

与穆罕默德时代不同的是，在正统哈里发时代，部族式的联合遭到否定，人人平等的教义被广泛接受。因此，伊斯兰势力得到快速发展。但另一方面，如果不是阿拉伯

人，即便是穆斯林即伊斯兰教徒，也必须交纳人头税和地租。在这个时代，伊斯兰教是以阿拉伯人为核心的宗教。

但是，到了阿拔斯王朝（750—1258）时期，伊斯兰国家得到了飞跃式的发展。阿拔斯王朝否定阿拉伯人的特权，非阿拉伯人也不必交纳人头税。阿拔斯王朝不再是阿拉伯人的王朝，而变成了穆斯林所建立的王朝。

这种现象被历史学家称之为"阿拔斯革命"。在阿拔斯王朝的努力下，伊斯兰教不再是阿拉伯人的宗教，也与民族没有关系，而成为了世界宗教。

印度港口换钱商人

第三章　伊斯兰王朝如何蓄积国力

阿拔斯王朝的领土其最强盛时期扩张到了中亚地区。伊斯兰势力的影响更是波及印度洋地区。他们极大改变了印度洋地区的物流。他们利用海洋，将印度洋和东南亚地区联系在一起。

在此，我们想谈谈印度洋世界的物流发生了怎样的变化。虽然伊斯兰势力非常强大，但其他商人也参与到印度洋贸易之中。但是，贸易权逐渐被欧洲人抢走，印度洋最终成为了欧洲人物流的海洋。

肩负印度洋贸易中心的穆斯林商人

以印度洋区域史专家而闻名的家岛彦一先生指出，8世纪中期到10世纪的约200年间，巴格达既是伊斯兰世界的文化象征，也是财富的源泉，其对周边地区具有强烈的扩张意识。

穆斯林商人大量提供热带、亚热带地区出产的各种商品，如香料、药物类、金、铅、锡、宝石类、木材、米、豆类、热带水果、动物皮革、象牙、家畜、纤维原料等，而运回西亚和地中海沿岸城市生产和交易的衣料品、敷物类、金属制品、陶器、玻璃容器、首饰、金银货币、武器类，以及来自其他地区的中转品。

在印度洋使用的船，一般都是三角帆船。三角帆船既用于沿海贸易，也用于远洋贸易。阿拉伯人和波斯人使用三角帆船，在非洲东海岸和印度西海岸之间进行长距离航海，居住在印度洋地区的人们也多用三角帆船进行运输。

穆斯林处于交易的中心地位。在很长的时期内，不论是军事上还是商业上，欧洲都不能与伊斯兰势力相抗衡。而且，在大约250年的时间内，中国的唐朝和阿拔斯王朝之间进行了频繁的人员往来和经济、文化交流。

家岛先生还指出，在9—10世纪，西拉夫①系商人活跃于红海、东非海岸、印度西海岸。这条线路可以抵达中国的广州。印度沿海的主要港口城市出土了大量的中国铜钱，特别是10世纪中期到11世纪初期的宋代铜钱。这表明印度洋经济和中国经济之间存在贸易往来。

宋代将从日本输入的铜铸造成铜钱，然后再将其输出到日本，这是众所周知的事情。可以想象，从南亚的印度到东亚的日本，逐渐形成了统一的经济圈。

宋代中国的经济增长率在历史上是非常高的。在国内，

---

① 西拉夫，位于波斯湾中部东海岸的港口。——原注

资源开发和技术革新进展显著。加之各地的特产被生产出来，商业买卖也逐渐增加。在中国内部，地区分工已经产生，流通经济得到发展。

如此广阔的网络成为一个经济圈，其中穆斯林商人发挥了重要作用。因为穆斯林商人的活跃，财富和商品向巴格达聚集，阿拔斯王朝也变得繁荣起来。

印度洋的伊斯兰化与中国的影响

印度洋的伊斯兰化发展很快。在印度建立了以德里为首都的伊斯兰国家，先后经历了奴隶王朝（1206—1290）、卡尔吉王朝（1290—1320）、图格鲁克王朝（1320—1413）、赛义德王朝（1414—1451）、洛迪王朝（1451—1526）。

虽然也有其他势力，但印度洋基本成了伊斯兰的海洋。但另一方面，中国船可能也在增加。不过，关于中国船增加的情况现在尚难用具体数字来描述。

早先中国是很重视海上贸易的国家。马可·波罗在其《东方见闻录》①中提到了浙江港口城市杭州的繁荣。杭州的

---

① 马可·波罗的《东方见闻录》，中国多称为《马可·波罗游记》。——译者注

欧洲人想象的威尼斯商人马可·波罗沿丝绸之路来到中国的地图

丝织品生产也非常有名。到了元代,杭州作为商业城市变得更加繁荣。

福建泉州从唐代初期开始就有穆斯林商人的活动,唐朝的首都长安也有穆斯林商人的活动。所以对于唐朝的代表性港口泉州而言,出现穆斯林商人也就是理所当然的了。

到了元代,泉州因为南海贸易而非常繁荣。一般认为,蒙古帝国是位于欧亚大陆中心地带的内陆帝国,但也大力推进海上贸易。

大体而言,中国的海上贸易从唐代开始兴起,在宋代得到进一步发展，到了重视商业的元代，海上贸易更加强化。就此而言，元代处于中国历代王朝的延长线上。

依靠以海上为中心的商业网络，印度的棉织品被运往红海，甚至撒哈拉沙漠以南的非洲，然后运抵西非的塞内冈比亚。途中经过开罗、利比亚①、阿比西利亚②等诸多城市的商品集散地，然后从此出发，使用纵贯撒哈拉沙漠的骆驼队，进行陆地运输。

如此，印度到中国的海上贸易，加上利用海路、陆路网络的贸易，贸易网络扩大到了非洲。其中坚力量可能就是穆斯林商人。

但是，他们之外的商人也开始活跃起来。

穆斯林以外的商人

16世纪，印度教徒古吉拉特商人在印度半岛东部的孟加拉湾圈占有优势，并扩大了与东非和中东的贸易。关于古吉拉特商人的活跃，日本学者薮下信幸有如下论述：

---

① 利比亚，埃及南部到苏丹之间的地区。——原注
② 阿比西利亚，埃塞俄比亚的旧称。——原注

古吉拉特王国独立,并脱离来自印度内陆的政治和经济控制。15—16世纪是欧洲进入大航海时代,乘坐自己商船开始直接加入亚洲贸易圈的时期,也是全球化历史进程中加强欧亚经济纽带的重要时期。[①]

古吉拉特商人在马六甲形成了独立的共同体,进而向

恒河香料市场

---

① 籔下信幸:《近世西インドグジャラート地方における現地商人の商業活動——イギリス東インド会社との取引関係を中心として》(近代西印度古吉拉特地区当地商人的商业活动——以与英国东印度公司的贸易关系为中心),《商経学叢》(商经学丛)52卷第3号,2006年,第101页。——原注

第三章 伊斯兰王朝如何蓄积国力

统治者穆斯林表达了自己运营港口的主张。如此看来,印度洋和东南亚被联为一体,并非仅是穆斯林商人的功劳。

即便是在印度洋,也有很多信奉伊斯兰之外的其他宗教的人。家岛认为,印度的马拉巴海岸是印度洋海域世界的交汇点。这里既有穆斯林商人,也住着信仰叙利亚正教、犹太教、琐罗亚斯德教①、印度教等各种宗教的人们。

关于这种宗教的多样性,同时代人、16世纪初到达印度的汤姆·皮雷斯这样说道:"(印度西海岸的卡利卡特王国)交易兴盛,既有马拉巴人、科林人、谢蒂人,也有来自众多地方的伊斯兰教徒和异教徒的商人。"

另外,住在坎贝的葡萄牙人中,可能有古吉拉特商人的代理人。

印度洋是信奉众多宗教、宗派的人们参与的、不同文化之间交易兴盛的场所。正因如此,以葡萄牙人为代表的基督教徒能比较容易地进出。但是,从长期来看,这也导致了欧洲的崛起和亚洲的衰落。

有人认为,在16—18世纪,不是亚洲人而是葡萄牙

---

① 琐罗亚斯德教是流行于波斯和中亚地区的古老宗教,中国称其为"祆教""拜火教"等。——译者注

人在印度洋贸易中取得了压倒性的优势。另一方面，也有人认为，在1500—1750年间，印度商人也在印度洋贸易中开始活跃起来。这两种意见谁更正确，尚不能轻易下结论，但毫无疑问的是，葡萄牙人的力量在逐渐增强。这既有葡萄牙国家军事力量的参与，更有葡萄牙商人强大商业网络的因素。

以瓦斯科·达·伽马到达卡利卡特[①]（1498年）为开端，葡萄牙国家开始入侵印度，随后荷兰、英格兰也相继而来，印度洋逐渐变成了欧洲人的海洋。但另一方面，印度人参与交易也是事实。而且，欧洲人进入亚洲也与中国政府的政策有莫大干系。

15世纪初期，明朝永乐帝派遣宦官、穆斯林郑和乘坐称为"宝船"的大型船只远航，抵达阿拉伯半岛，实行积极的对外政策。但是，1424年永乐帝去世之后，中国停止了积极的对外发展。1436年，大洋航海所用的船舶也停止建造了。

当葡萄牙到达印度洋之时，中国帆船达500—600吨，

---

① 卡利卡特，在中国古籍称为古里，它是郑和与达·伽马两位东西方航海家共同的登陆地点及去世地点。——编者注

与葡萄牙船相比要大很多。但是，为什么到了1600年前后明朝对中国帆船进行了小型化，而且超过200吨的船已经非常少见了呢？

如果瓦斯科·达·伽马在15世纪初期已经到达印度洋，那么葡萄牙将难以如此简单地在亚洲扩张领土，因为中国将会进行强烈抵抗。

葡萄牙人甚至欧洲诸国进入亚洲后，以前由亚洲商人运输的香料等，改由本国船只进行运输。印度洋的物流逐渐被转移到欧洲人手中。

第四章

维京人为何败于汉萨同盟

中世纪北海、波罗的海贸易的主导者，是维京人和汉萨同盟的商人。

所谓维京人，是指掠夺者、海盗。即便是现在，这种印象依然很强烈。但是，现在的研究倾向于强调作为商人的维京人。

然后是成为维京商人后继者的汉萨同盟的商人，以及汉萨同盟商人后继者的荷兰商人。主导者的不断更迭，其原因在于北海、波罗的海商业圈的扩大，以及人口密度的增加。

作为商人的维京人

将维京人视作商人的理由之一，是考古学发掘出土了维京人所建设的各种城市遗址。例如，位于斯德哥尔摩以

西29千米的比约克岛上的比尔卡、位于日德兰半岛连接处的海泽比、英国的约克、爱尔兰海的都柏林、法国的鲁昂等地，都发现了维京人的城市聚落，它们被认为是贸易的据点。

在日本，维京人多指丹麦·维京人，较为强调向西发展的维京人。克努特是其中的杰出代表，他建立了跨越丹麦、英国的北海帝国。

但是，也有向东发展的维京人。他们被称为瑞典·维京人。瑞典·维京人积极与伊斯兰世界发展贸易。在维京人的全盛时期，他们将中近东、中亚的银货出口到东欧、北欧。这些地区要使用伏尔加河进行贸易。

此外，还存在与拜占庭帝国有贸易关系的维京人，他们的活动范围从黑海抵达里海。

维京人的后继者汉萨同盟

一般认为，所谓汉萨同盟，是指13世纪诞生的、以北德意志为中心的城市商业共同体。但汉萨同盟可能继承了维京人的商业网络。至少就商业圈而言，维京人的后继者是汉萨。如果没有维京人，北欧商业圈的命运将发生重大变化。

维京人使用的船被称为"龙首长船"。它们吃水较浅，

第四章 维京人为何败于汉萨同盟

船身细长,也不使用钉子。

维京人使用的海船

维京人使用这种龙首长船,作为掠夺者或商人而活跃。而汉萨同盟兴起、维京人衰落的原因,是因为汉萨同盟使用的是柯克船。这种船从船首到船尾具有城郭那样的上部构造,非常坚固。与之相比,龙首长船船舷较低,在战斗中非常不利。

柯克船船底平坦,相较于波涛汹涌的北海而言,它更适合在海面平稳、海水较浅的弗里西亚海面[①]、石勒苏益

---
① 弗里西亚海面,即德国和荷兰的北海沿岸。——原注

格①的海湾航行。不过，汉萨同盟在北海的航海中也使用这种船。在北海海域使用这种船应该是13世纪初期的事情。

到了14世纪初期，南欧的造船工匠使用联结进口木材两端而进行安装的独特手法，即卡拉维尔帆船的工艺，又模仿柯克船的设计，制造了更大、船舷更高的船。这种船搭载的不是三角帆，而是方形帆。在北海和波罗的海，这种船以"卡瑞克帆船"而闻名。

波罗的海贸易与汉萨

在日本被称作汉萨"同盟"的北欧城市商业共同体，德语称其为"Hansa"。其本是"商队"的意思，实际上并不是等同于"同盟"的单词。也就是说，所谓的"汉萨同盟"并不是"同盟"，而应称之为城市的商业联合。属于汉萨的城市数量尚不确定，有人认为最多的时候在200个左右。但是，吕贝克毫无疑问处于该商业联合的中心地位，因为汉萨总会基本都是在吕贝克召开。吕贝克也成为北欧的商品流通中心。

即使是现在，日本仍然在北海、波罗的海购买生活必

---
① 石勒苏益格，即德意志抵达丹麦的地区。——原注

需品，在地中海购买奢侈品。但这种看法遭到了欧美学界的否定。他们认为，不论什么地区，生活必需品、奢侈品的交易都是双向的，且历来都是如此。

波罗的海与北海的贸易，12世纪以后都是通过吕贝克进行。准确地说，两海之间的商品通过吕贝克——汉堡之间的陆路进行运输，途中部分地区利用运河进行运输。

吕贝克运往汉堡的主要商品有蜜蜡、铜、兽脂、皮革、鱼油等，汉堡运往吕贝克的商品有毛织品、油、药种、鲱鱼、肥皂、明矾等。

表2　1368—1369年吕贝克的进出口关税额[①]

（单位：1000吕贝克·马克）

商品名称	主要原产地	出口	进口	总额
毛织物	法兰德斯	120.8	39.7	160.5
鱼类	隆德（斯科讷）	64.7	6.1	70.8
盐	吕内堡		61.6	61.6
黄油	瑞典	19.2	6.8	26
皮·皮革	瑞典、诺夫哥罗德	13.3	3.7	17

---

① 高桥理：《ハンザ「同盟」の歴史——中世ヨーロッパの都市と商業》（汉萨"同盟"的历史——中世纪欧洲的城市与商业），创元社，2013年，第113页。——原注

续表

商品名称	主要原产地	出口	进口	总额
谷物	普鲁士	13	0.8	13.8
蜜蜡	普鲁士、诺夫哥罗德	7.2	5.8	13
啤酒	维特诸城市	4.1	1.9	6
铜	瑞典、匈牙利	2.2	2.4	4.6
铁	瑞典、匈牙利	2.4	2.2	4.6
油	法兰德斯	2.7	1.5	4.2
亚麻	诺夫哥罗德、北德意志	0.4	3	3.4
各种食料品		2.2	1.2	3.4
金银	?	0.7	2	2.7
葡萄酒	莱茵地区	1.3	0.9	2.2
亚麻布	威斯特法伦	0.2	1.1	1.3
各种商品		39.9	16.6	56.5
合计		338.9	206.9	545.8

表2所见的税额可称之为"重量税",汉萨城市在交战中也对商品征税。日本的汉萨史研究者将其翻译为"关税"。

值得注意的是,表2的商品中几乎没有吕贝克的商品。因此,将这种税称为"关税"并不正确,称之为"通行税"或"通关税"可能更为准确。

在贸易城市中,商品在出口(港口向外)或进口(港口向内)之时都要课税,以"港口"来区别商品的出入。例如,对经过吕贝克进行交易的商品所课的税,如果翻译成"关税",很可能是对这种税的本质理解有误。

这也表明,至少在制作此重量税台账的时候,吕贝克是北海和波罗的海的贸易流通据点。

荷兰的崛起

吕贝克作为流通据点的时代在15世纪末被终结。因为从15世纪末期开始,荷兰成功穿越了有航海险隘的厄勒海峡,开辟了海上航路。但是,陆上商路也没有废弃。与陆上商路相比,海上航路运输的货物更多,而且这种差额还

水手用罗盘导航

在不断扩大。实际上，如果多读一些史料就会知道，即便是到了18世纪，"吕贝克——汉堡"商路仍在使用。特别是奢侈品的运输，即便运输成本高一些也不成问题，所以陆上商路仍然在使用。

即便如此，因为荷兰利用其发达的航海技术穿越了潮流较快的厄勒海峡，开辟了海上航路，从而成为波罗的海贸易的霸主。

不仅仅是航海技术的发展，商品运输量的增大也是重要因素。特别是16世纪下半叶到17世纪上半叶，谷物成为波罗的海最重要的出口商品，它们体积很大，不再适合陆上运输。

不久，谷物也被运输到地中海地区。波罗的海地区的商品由荷兰船运往地中海地区，地中海终于被波罗的海所取代。

第五章

为何中国会因朝贡贸易而衰落

"早期贸易时代"

关于东南亚商业的发展,安东尼·里德的研究无疑最为重要。里德称1450—1680年的东南亚为"贸易时代"。里德的研究对东南亚商业史产生了重要影响。

受此影响的杰夫·韦德将900—1300年命名为"早期贸易时代"。他认为,在里德所定义的"贸易时代"之前,存在可称为"早期的"贸易扩大的时代。

韦德认为,在8—11世纪,不仅是印度洋和阿拉伯湾,甚至东南亚都已经伊斯化。占城①、中国甚至南海、东南亚,都可视作穆斯林共同体。

11世纪下半叶,阿拉伯的使者经东南亚最终到达中

---
① 占城,在越南建立的王国。——原注

国。这一时期,中国的海上贸易据点从广州转移到了泉州。泉州很快就修建了清真寺。即便是在12—13世纪海上贸易的繁荣时期,泉州的伊斯兰势力依然非常强大。

第三章已经提到,印度出土了中国的铜钱,宋代的铜钱更是流入到东南亚。中国人已经来到该地区,这已是众所周知的事情。而且,从平安时代中期开始,日本也在使用宋代的铜钱。一个海上贸易中心的市场正在亚洲形成。

里德还论述到,在1400—1462年间,马六甲、苏门答腊、摩鹿加群岛的蒂多雷岛等已经伊斯兰化,伊斯兰势力随之兴起。其后,婆罗洲、马尼拉、占城等地也被伊斯兰化。在17世纪中期,伊斯兰化达到顶峰。

在此,我们想了解的是,伊斯兰化是如何推进的,又形成了怎么样的物流体系?中国所形成的朝贡贸易制度也会有所涉及。重要商品的物流几乎都依靠他国,这在历史上是非常少见的特例。

成为交汇点的马六甲、琉球

对于东南亚而言,伊斯兰化在不断推进。但另一方面,中国是他们最大的市场。从14世纪下半叶开始,两个世

第五章 为何中国会因朝贡贸易而衰落

纪内中国人口持续增长。而且,因为明朝永乐帝(1402—1424年在位)以贸易为目的①的远征,中国对东南亚产品的需求大增。因此,东南亚的交易得到很大发展。但是,永乐帝驾崩之后,中国停止了对外发展,中国海运业也没有发展,逐渐丧失了亚洲海上贸易的领导地位。

到了15世纪末,马六甲的重要性凸显。马六甲处于印度洋上使用单桅帆船和东南亚使用中国帆船的交汇点,是海上贸易最大的要隘。阿拉伯人、波斯人、印度尼西亚人

清代派往琉球的册封使

---

① 永乐帝派遣郑和下西洋的原因,有寻找建文帝、宣扬国威等说法,但一般不认为是以贸易为目的。——译者注

等都汇集于此。因此,马六甲成为了亚洲区域内的交易中心。在马六甲,人们用米、砂糖、鱼和棉织品来交换胡椒、樟脑、香料、白檀木、中国产的瓷器、丝绸和贵金属。

琉球是东南亚和东北亚的重要交汇点。琉球不仅积极向中国进行朝贡贸易,也向东南亚的主要贸易港口派遣船只。在1430—1442年之间,琉球至少向泰国的大城王朝派遣使者17次,向苏门答腊岛的巨港派遣使者8次,向爪哇派遣使者8次。中国和东南亚诸国在贸易中所使用的船都是中国帆船。

琉球的这类活动在15世纪下半叶到16世纪上半叶达到顶峰,此后开始衰落。不过,这一时期琉球的活动可能与后来南洋日本城镇的产生存在关联。

以1400年左右摩鹿加群岛出口香料为开端,东南亚交易的增加在1570—1630年间达到巅峰。此后,因为在世界贸易中所占份额的缩小,加之荷兰东印度公司垄断了长距离贸易,东南亚的利润减少。1680年代,"贸易时代"终结,东南亚在国际贸易中的重要性降低。

在这期间,在马来—爪哇群岛之间的航行中,欧洲船的比例逐步上升。在17世纪上半叶,荷兰船已经达到亚洲内部贸易船只数量的4倍左右。很快,在印度洋、马拉巴海岸、中国、尤其是爪哇岛,欧洲各国的商贸船数量都在增加。

东南亚与印度洋的一体化得到进一步发展。至迟在17世纪,印度洋与东南亚形成了一个商业圈,其用陆上商路联结起来。它很可能与后文所谈到的亚美尼亚人的商路联系在增强,于是欧亚世界被纳入到一个商业网络之中。

近代商业网络的强化不是因为国家的力量,而是商人自律组织对商业网络的扩大和整合。

另外,关于将印度的棉花运抵东南亚的方法,乔吉奥·列略有如下论述:

> 对棉花和其他商品而言,陆路和海路并不是相互排斥的方法,而是相互补充的关系。从船上将货物卸载下来,然后再用骆驼进行运输。倒过来的情况也是存在的。第二,这是依靠多个中介的贸易。仅仅依靠一个商人将棉花从原产地运到遥远的最终消费者手中,这是极其罕见的。商品的经销人可能会变换数次。例如,商品从古吉拉特运到马六甲要用整整一个季度的

时间。因为季风的原因，商人必须等到次年三月才能返回。①

虽然这是棉花的例子，但其他商品大多类似。海路和陆路并不互为排斥，而是相互依存的关系。

朝贡贸易——物流体系委于他国

明代郑和所乘坐的是被称为"宝船"的大型船只，这在第三章已经言及。即便是与瓦斯科·达·伽马从葡萄牙出发进行远航时乘坐的船相比，宝船也属于非常大型的船只。

郑和最初航海的时候船有 60 多艘，船员约 28000 人。郑和航海的规模极其庞大，当时的欧洲也不可能有如此规模。可见中国的海运能力是非常强大的。

这样庞大的舰队总共进行了 7 次航海，其目的并不明确。但在永乐帝去世之后，中国停止了积极的对外发展，转为闭关锁国的政策。

---

① Giorgio Riello, Cotton: The Fabric that Made the Modern World, Cambridge 2013, p.20

乔吉奥·列略:《棉花：建构现代世界的布料》，剑桥出版社，2013年，第 20 页。——原注

第五章　为何中国会因朝贡贸易而衰落

《万国来朝图》中的荷兰、朝鲜使臣，反映了中国的朝贡贸易

中国建立了传统意义上的所谓"朝贡贸易"的制度。我们再次聚焦这种体制。所谓朝贡贸易，是贸易的一种形态，是指中国周边的藩属国向中国进献朝贡品，作为补偿中国将赏赐品赐予藩属国的行为。这也意味着，中国王朝所建立的国家之间关系，是基于对周边"蛮夷"施以恩惠的理念。

中国在唐代就已开始实行朝贡贸易了。在宋代，朝贡贸易被取代，民间贸易得到发展。到了辽、金、元时期，民间贸易依然在进行。中国周边诸国将金银、奴隶、畜产、

原料送往中国，而中国则赏赐瓷器、丝绸织品、铁器、铜器、漆器、书籍等。

在明代，洪武帝（1368—1398年在位）实行海禁政策，与海外的贸易和大型船只的建造都被禁止。但是到了永乐帝的时候，中国与海外的贸易再度活跃起来。不过，朝贡贸易依然继续进行。

甚至到了清代，这种倾向也在继续。不过，朝贡贸易的重要性在明代达到最高，中国与西班牙之间的贸易也非常繁荣。中国出口生丝、瓷器、茶叶等，从西班牙输入白银。但是，正如众所周知的那样，从1757年开始，仅有广州是与外国进行贸易的港口。

不言而喻，所谓的"朝贡贸易"体制，是因为中国对邻国拥有压倒性的经济实力才建立起来的体制。与朝贡品相比，中国赏赐的各种物品更有价值，正因如此朝贡贸易才能成立。但是，中国的经济实力在逐渐衰落。

假若中国仍是世界最为富裕的国家，即便周边藩属国使用本国船只运输朝贡品，即便中国轻视流通，也不会有任何问题产生。中国使用自己船这件事情，越是不考虑利润，越是表明中国是富裕国家。

中国的税制在明代是一条鞭法，清代则变为地丁银制度。所谓一条鞭法，是指将租税和徭役都换算成白银，都用白银交纳的制度。所谓地丁银制度，是将人头税摊派到土地税之中，所有税款都交纳白银的制度。这些白银不是中国国内铸造的，而是从外国输入的。

西班牙帆船将白银从新大陆运往中国

16世纪，西班牙人入侵中南美洲，开始与所谓的"新大陆"进行贸易。1545年，在玻利维亚高地发现了波托西银山，大量白银从新大陆开采出来。在欧洲与中国的贸易中，欧洲一方经常出现赤字。为了填补赤字，欧洲向中国运输白银。于是，大量白银从新大陆运往中国，运输白银的船被称为"西班牙帆船"。

白银从新大陆运往中国的路线有三条。第一条，从墨西哥西海岸的阿卡普尔科出发，途径菲律宾群岛，穿越太平洋，然后运抵中国。这是最重要的路线。

1571年，西班牙在菲律宾建造了马尼拉，在这里进行丝绸和白银的交换。对西班牙而言，通过马尼拉进入亚洲市场是其进入亚洲市场的唯一方法。因为欧洲以外的世界

贸易全被葡萄牙人和荷兰人所控制。西班牙帆船的航行,意味着太平洋沿岸贸易的诞生。18世纪末期,很多马尼拉生产的雪茄烟途径阿卡普尔科,最后运到西属非洲。

16世纪末到17世纪上半叶,阿卡普尔科向马尼拉的出口基本是非法的,因此很难估算出口额。不过,根据1720年墨西哥当局的报告,每年的白银输出额通常在143757公斤左右。这些白银用来交换中国的丝绸、瓷器、亚麻布等。

在此路线之外,也有大量白银从墨西哥出发,穿过巴拿马海峡,运往西班牙的塞维利亚,然后非法出口到葡萄牙。

这些白银与生金一起,经过阿根廷的布宜诺斯艾利斯,从秘鲁走私到葡萄牙的里斯本。然后,白银绕过好望角,运抵印度的果阿。16世纪下半叶到17世纪初,葡萄牙人每年从果阿向澳门运输6000—30000公斤的白银。

第三条路线是将从新大陆合法或非法运抵西班牙塞维利亚的白银,运到伦敦和阿姆斯特丹,然后再通过英国、荷兰的东印度公司运往东南亚,交换中国产的丝绸、瓷器。

现在的研究认为,西班牙帆船每年运输了200万比索的白银。这个数额非常巨大，葡萄牙属印度、荷兰东印度公司、英国东印度公司所运输的全部白银也不过200万比索。

中国作为必需品的白银的流通已经掌握在西班牙手中。

中国将税金中必须的白银的运输委托给了西班牙，这是难以置信的对物流体系的轻视。与中国全然不同的是，英国不仅在自己本国之内，而且对全欧的物流施加影响，并掌握了物流的霸权。详细情况将在第10章展开论述。

第六章

地中海为何衰退,波罗的海·北海沿岸诸国为何崛起

从发达地区沦为落后地区的意大利与地中海

在15世纪,如果将意大利和英国相比较,意大利未来的经济增长更值得期待。意大利从东南亚的摩鹿加群岛进口香料,再运输到欧洲其他地区,凭此可以获得巨额利润。

另外,在15世纪,如果将北海、波罗的海与地中海相比较,地中海的贸易更有可能得到进一步的发展。

然而,现实却是意大利的经济陷入停滞,北海、波罗的海经济圈则开始崛起,很快英国就完成了产业革命。北海、波罗的海地区成了近代欧洲世界的领导者。

这到底是为什么?

中世纪晚期,意大利的城市化进展很快,商业、金融技

术也很发达,银行诞生,复式账簿被引入,保险业得到发展。乍看之下,会惊讶地认为,意大利已经掌握了经济霸权。

那么,意大利和地中海为何最终会衰落?对此问题的正确回答是,衰落与生态系统问题、与生态系统密切相关的海运业以及物流体系有关。

以下,将对其具体的特征进行论述。

从地中海地区进口盐的波罗的海诸国

波罗的海纬度很高,其中心位于北纬58°。波罗的海的北部城市托尔尼奥(在今芬兰),甚至到了北纬65°。

位于高纬度的芬兰,一年到头都处于低温状态,而且夏天的日照时间很长,冬天的日照时间却非常短。冬至那天的日照只有短短6个小时。因为海水蒸发极其缓慢,波罗的海海水的盐分浓度很低,住在波罗的海沿岸的人们必须源源不断地从其他地区进口盐。

另一方面,流入地中海的水量很少,气温高,气候干燥,故而海水不断蒸发,海水的盐分浓度很高。所以,与波罗的海地区不同,地中海成为盐的出口地区。

由此可见,波罗的海地区和地中海地区的气候迥异。

第六章 地中海为何衰退，波罗的海·北海沿岸诸国为何崛起

它们需要相互交换各自的必需品。

波罗的海实际上是南北走向的狭长的海。位于波罗的海北部、被瑞典和芬兰所环绕的波的尼亚湾，南北长600千米以上。到了近代，波的尼亚湾经斯德哥尔摩，向西欧诸国出口作为海运原料的重要的焦油。此外，波罗的海地区还向西欧出口用于加工绳索的亚麻和麻、作为海运材料的木材和船舶使用的碇、钉等铁产品。这些都是西欧海上发展中必不可少的材料。

就自然条件而言，波罗的海地区的海运材料和地中海地区的盐进行交换，也是必然的现象。

地中海的平均水深为1500米，远比波罗的海55米的平均水深深得多。而且，地中海的面积约为250万平方公里，也远远大于波罗的海的42万平方公里。因此，在地中海发展大规模的贸易是可能的。如前所述，古代的腓尼基人就在地中海地区建构了恢弘的海上网络。而且，罗马帝国、拜占庭帝国能够占有广阔的领土，就是因为它们利用了广阔的的地中海。地中海的广阔是一方面，另一方面维持帝国的费用也是非常庞大的。一个国家要长期控制地中海是非常难的事业。

与波罗的海相比,地中海地区有着"富庶之地"的刻板印象,但从生态学来看可能并非如此。

腓尼基人以后,因为古希腊人、古罗马人以及意大利商人、穆斯林商人等各种各样的族群,地中海地区的商业活动非常兴盛。为了造船,森林被砍伐,很多山都秃了。地中海沿岸的国家中,很多人在山中有自己的家园,砍伐森林无疑是环境破坏的象征。地中海地区森林曾一度消失,几乎没有再生新的森林地带。

与此不同的是,波罗的海沿岸地带到现在依然是森林茂盛。究其原因,一般认为是因为商业规模的差距以及人口密度的不同,但也不能忘记这两个海的生态差别。简单来讲,在波罗的海地区森林是可能再生的资源。即便是现在,森林依然是芬兰重要的产业之一,这就是归因于森林业的旁证。

近代意大利经济增长的局限

在罗马教皇英诺森三世的倡议下,组织了第四次十字军,其主导权掌握在威尼斯手中。这次东征并不是宗教目标耶路撒冷,而是攻陷了商业敌人君士坦丁堡,扩大了商业圈。

第六章 地中海为何衰退,波罗的海·北海沿岸诸国为何崛起

正是因为此事,英诺森三世开始重视威尼斯的商业实力。

威尼斯和热那亚长期争夺地中海贸易中欧洲一方的霸权,最终威尼斯取得了胜利。亚洲的香料到达亚历山大港后,输入到意大利,再出口到欧洲各地,可以从中获取巨额利润。

威尼斯有国营的造船厂,多数船舶都在此建造。威尼斯虽说是城市国家,但其领土却遍布东地中海各地。

另外,在意大利,佛罗伦萨的美第奇家族经营金融业,根据情况甚至向国王放贷。

意大利热那亚的银行业

但是,意大利是真的先进国家吗?

例如,意大利在世界上率先发展了银行制度。一般认为世界上最早的银行,是1406年在热那亚创立的圣·乔治银行。

但是,意大利的银行虽然在汇兑、借贷、投资功能等方面得到很大发展,但是银行所具有的金融中介功能——从人们那里借钱,然后贷款给公司——并不发达。这种功能在19世纪的欧洲才得到较大发展。

18世纪的英国建立了中央银行英格兰银行发行国债、还款由议会担保的"基金制度"。意大利不过是个松散的城市国家联合体,它不可能建立这样的制度。

另外,意大利以先于其他地区发展了海上保险业而闻名。可是,原本必要的概率论并没有被引入,从而导致发展受到限制。事故发生的概率如何,这类问题并不清楚,所以这并不能称之为真正的保险业。购买保险后现实的风险如何,他们并不清楚。

在中世纪,为了某种目的而组建公司,目的达成之后就予以解散。保险公司的事业如果要永久化,那么概率论就是非常有效的。但对于不以永久化为前提的公司而言,概率论可能就几乎没什么效果。

在意大利发展起来的保险业,绝不等同于近代的保险业。意大利经济衰落后,直到19世纪可能才考虑将概率论引入保险业界,但也仅仅只是利用概率论的数学知识。

由上可知,从银行业、保险业这两方面来看,意大利的发展存在决定性的局限。

中世纪晚期,意大利的经济体制停步不前,并没有向近代体制发展。

能源供给的局限

不仅如此,意大利还存在生态上的局限。为了造船业,意大利砍伐了大量森林。如前所述,地中海沿岸地区的森林一旦砍伐,就很难再度成为森林地带。因此,意大利的造船业和海运业逐渐衰落,不可能拥有北欧那样庞大的商船队。

在整个16世纪,意大利都在进行大规模的砍伐。而且,威尼斯不仅木材甚至船体都要从外国购入。虽然威尼斯以法律禁止购买完全造好的船只,但这种禁令最终不得不取缔。这充分说明木材严重不足。

我们还必须对能源供给方面的局限进行讨论。意大利的煤炭出口到环北海的诸多地区，如丹麦（挪威）、德意志甚至荷兰。意大利被认为是北海经济圈的能源供给源。波罗的海地区也有丰富的森林资源，能够大量使用木炭。

与此相反，因为森林资源日渐枯竭，地中海经济圈的木炭供应已经难以为继。而且，与英国相比，意大利的煤炭生产量也少很多。即便是意大利，煤炭也不是完全由自己生产的。意大利的经济增长存在天然资源枯竭这一重大局限。

在地中海地区，奴隶划桨的帆船被广泛使用。罪犯、俘虏、奴隶甚至自由民被作为船夫使用。之所以使用这种劳动密集型（需要大量劳动者）的船舶，可能是因为购买香料这类昂贵的商品，以及这些人的劳动成本很低的缘故。意大利的海运业基本是依靠廉价劳动力来维持的。反言之，廉价劳动力的供给一旦停止，意大利的繁荣就有终结的危险。

往来于地中海的斯维登之船

在近代，英国、荷兰等北欧的船只也渐渐向地中海地区发展。本节将对研究最有进展的斯维登之船进行讨论。

第六章 地中海为何衰退,波罗的海·北海沿岸诸国为何崛起

到了17世纪下半叶,地中海地区的产品被运往地中海内的各个港口,海运业得到发展。这些海运业使用的可能是腓尼基人、意大利人曾经使用的航路。

从瑞典西海岸或瑞属波美(现属德国)出发驶往地中海的船只,在出发当年内返回瑞典。但是,从斯德哥尔摩和今芬兰出发的船只,在6月至8月间开始航海,到了次年的航海季节才会归国。另外,瑞典的船也往来于马赛和意大利西北海岸的里窝那之间。

表3 斯德哥尔摩与马赛、卡利亚里往来的船舶数量[①]

		1760—1769年	1770—1779年	1780—1789年	1790—1799年	1800—1809年	1810—1815年
马赛	西航船数	15	85	111	22	16	6
	东航船数	5	16	19	12	9	1
卡利亚里	西航船数	4	7	4	3	1	0
	东航船数	174	199	132	67	36	1

表3记载了从斯德哥尔摩出发,驶往法国地中海一侧的代表性城市马赛和意大利萨丁尼亚的卡利亚里的西航

---

① 参考STR-Online。——原注

船①的数量,以及从马赛、卡利亚里出发驶往斯德哥尔摩的东航船②的数量。

首先,关注马赛的话就会知道,斯德哥尔摩的西航船数量超过东航船的数量。这说明驶往马赛的船很多并未直接从马赛返回斯德哥尔摩。

其次,再看卡利亚里。与马赛对比可知,卡利亚里的西航船数量要远远低于东航船的数量。

很多从斯德哥尔摩驶往马赛的船在到达马赛后,又继续在地中海进行海运。其中不少船是从卡利亚里返回斯德哥尔摩。装载瑞典商品、驶往马赛的瑞典船,在马赛卸载货物之后,有的船将葡萄酒、白兰地等法国商品运往地中海内各地,然后再从意大利将盐运往本国。从斯德哥尔摩运抵马赛的一部分铁,后来被再次出口到东方和巴巴里诸国(北非)。

再次,驶往葡萄牙的斯德哥尔摩的船只在这里收购殖民地的物产后驶往地中海诸城市,在地中海过冬之后,从塞图

---

① 西航船,即穿过丹麦与瑞典的边境线即厄勒海峡向西航行的船,是斯德哥尔摩的出口货物的船。——原注
② 东航船,即穿过厄勒海峡向东航行的船,即斯德哥尔摩的进口货物的船。——原注

第六章 地中海为何衰退，波罗的海·北海沿岸诸国为何崛起

16世纪葡萄牙里斯本港

巴尔和地中海诸城市收购盐，然后再返回斯德哥尔摩。与马赛一样，斯德哥尔摩驶往葡萄牙的船也在地中海从事海运。

可能意大利船和荷兰船也曾经做过这样的事情。但现在还没有这方面的研究，期待今后在此方面的研究能有所进展。

无论如何，地中海内部的物流几乎都是由北欧诸国来负责了，意大利的海运业已经严重衰落。此后意大利不能参加欧洲的对外扩张也就是自然而然的事情了。

第七章

好望角航线如何改变亚欧关系

1488年,葡萄牙人巴尔托洛梅乌·迪亚士到达了好望角①。1498年,瓦斯科·达·伽马一行通过好望角航线,到达了印度西海岸的卡利卡特(即古里)。此后,葡萄牙逐渐侵入亚洲。

1503年,阿方索·德·阿尔布克尔克攻陷卡利卡特。1505年,弗郎西斯科·德·阿尔梅达在印度将基尔瓦殖民地化,并且建立了要塞。

1509年,阿尔梅达在第乌海战中打败伊斯兰马木留克王朝的舰队,这对葡萄牙控制阿拉伯海起到了决定性的作用。阿尔布克尔克于1510年占领了果阿,并修建了坚固的要塞。果阿成为了葡萄牙在印度的据点。

---

① 好望角,今南非共和国开普敦的海角。——原注

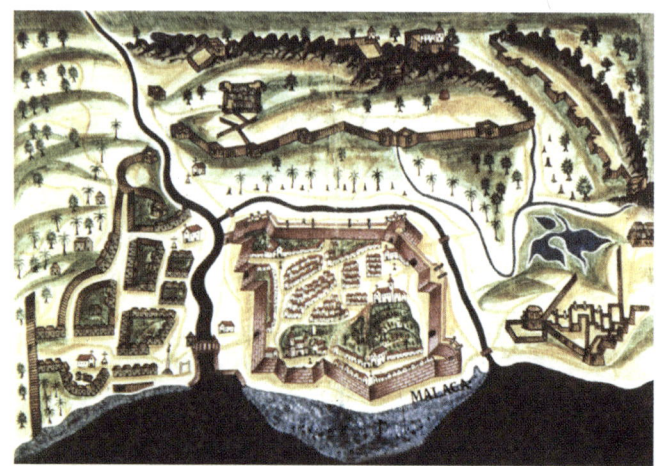

葡萄牙人在马六甲建的城堡

而且,阿尔布克尔克在1511年消灭了马六甲王国。这样一来,葡萄牙就很容易得到来自摩鹿加群岛的香料了。

表4 东南亚出口欧洲的胡椒数量估算[①]

单位:吨

时代	好望角路线	黎凡特路线	合计	来自东南亚
1379—1389		62	150	0

---

① Anthony Reid, "An 'Age of Commerce' in Southeast Asian History", Modern Asian Studies, Vol. 24, No.1, 1990, p.16, Table 2.
安东尼·里德:《东南亚历史上的"商业时代"》,《现代亚洲研究》第24卷第1期,1990年,第16页,表2。——原注

续表

时代	好望角路线	黎凡特路线	合计	来自东南亚
1391—1399		732	800	
1401—1405		278（V）	500	0
1497—1498		566（V）	800	100
1501—1506	586	294	880	100
1517—1531	1,174	125	1,300	300
1547—1548	1,506	500	2,000	600
1560—1564	1,200	1,500	2,700	1,300
1582—1590	1,170	1,600	2,800	1,400
1621—1622	2,718	300	3,000	1,800
1641—1653	2,693（DE）	0	3,300	2,200
1670—1678	5,528（DE）	0	6,000	4,000
1680—1686	3,191（DE）	0	3,700	2,500

V=仅威尼斯船　DE=仅荷兰船和英格兰船

香料都通过好望角路线运输。于是，从红海经过亚历山大向意大利运送香料的路线就逐渐地衰落了。

如表4所示，16世纪下半叶东南亚出口欧洲的胡椒数量，黎凡特①路线和好望角路线之间没有太大差异，但在1641年以后，英国、荷兰东印度公司只使用好望角路线，

---

① 黎凡特，位于地中海东海岸。——原注

于是黎凡特路线基本上消失。

欧洲和亚洲经济实力的逆转

由于好望角航线的开辟,意大利与印度和东南亚的商路被切断。意大利虽然仍然与奥斯曼帝国保持贸易,但在与东南亚的贸易中已经几乎没有什么作用了。另外,这一事实也表明,在从亚洲到欧洲的广阔贸易圈中,意大利已无多大作用,没有承担任何部分的香料贸易。

意大利经济在欧洲内部可能较为重要,但在欧亚世界中并没有起到太大作用。此时,奥斯曼帝国和亚洲的经济实力比欧洲更为强大。但欧洲通过海上路线进入亚洲,这一关系发生了逆转。

以葡萄牙进军亚洲为开端,荷兰、英国、法国、丹麦、瑞典等国相继设立东印度公司,促进了与亚洲的贸易。最初以进口亚洲的产品为主,从印度进口茶叶和棉制品。

这一过程中,商品以前是从亚洲流向欧洲,但后来逐渐转变为从欧洲流向亚洲。这表明欧洲和亚洲的经济实力发生了逆转。

第七章　好望角航线如何改变亚欧关系

进入亚洲的非官方葡萄牙商人

意大利作为欧洲和亚洲的中间商，其地位因葡萄牙的崛起而受到严重动摇。

葡萄牙帝国一直以来都强调国家主导型的发展形态。但现在大多认为，葡萄牙商人自己组织起来并扩大了商业圈。也就是说，尽管国家仍旧对外扩张，但与此同时，与官方无关的葡萄牙商人自己组织起来，并向欧洲以外的世界发展。

葡萄牙占领了亚洲的许多地区，但不久就被纳入荷兰甚至英国的统治之下。因此，葡萄牙海洋帝国衰落了。葡萄牙活跃的时间很短，葡萄牙国家被英国和荷兰的东印度公司从亚洲"驱逐"了。

但是，葡萄牙商人原本不是依靠国家而进入亚洲的。因此，即使葡萄牙的殖民地被其他国家夺走，葡萄牙人仍然能够继续进行商业活动，很多人都这样认为。直到19世纪初，从波斯湾到澳门地区的通用语言仍是葡萄牙语。

正因如此，作为政治实体的葡萄牙帝国衰落之后，葡萄牙人的商业活动仍在继续。

如上所述，在16世纪的印度洋，穆斯林商人和印度教

教徒古吉拉特商人都很活跃。这种属于多种宗教和宗派的商人的共存关系，在东南亚也能看到。葡萄牙商人只不过是其中的一部分。但如果当时东南亚没有葡萄牙商人，那么此后欧洲可能就很难进入这个地方。

东南亚有很多来自不同地区的商人。首先是伊斯兰商人。他们中很多人原本就出身于印度。虽说被伊斯兰教徒所毁灭，但曾经有一个被称为麻喏巴歇王国（1293—1520年左右）的印度教王国。当然也有信仰佛教的王朝，也有从中国移居东南亚的华侨。在这种情况下，葡萄牙加入进来并不太难。至少，与亚洲人进入地中海地区相比，这无疑是非常简单的事情。

当然不能轻视官方的网络，但非官方的网络也发挥着极其重要的作用。葡萄牙并没有像英国、荷兰东印度公司这样的由国家支持的大公司，但葡萄牙商人却在新大陆到亚洲的范围内自由航行，进行贸易。

作为国家的葡萄牙在与西欧列强的竞争中失败而衰落下去，但这并没有给葡萄牙人带来致命的打击。葡萄牙在与荷兰争夺香料群岛即摩鹿加群岛的斗争中失败，但葡萄牙人却得以深入亚洲人的网络之中。

在印度尼西亚的帝汶岛甚至整个印度尼西亚，荷兰的影响力都非常强大，其中英国在帝汶岛也具有很强的影响力。即便是在这样复杂的情况下，葡萄牙的代理人依然很活跃。他们单个人独立行动，维持着贸易网络。

葡萄牙国王垄断贸易的商品是香料、黄金和白银，但私贸商人也加入了香料贸易的行列。在香料方面，葡萄牙王室所掌握的香料只占全部香料的60%，剩下的40%则是由商人进行贸易。

葡萄牙人也作为在南海活动的中国人和日本倭寇之间的中介人而行动。

支持葡萄牙对外扩张的新基督教徒

1580年到1640年，葡萄牙被西班牙吞并。在此期间，伊比利亚半岛在亚洲的势力急速扩张。耶稣会的活动自不必说，即便是在各种商业活动方面，两国的合作也取得了进展。

支持葡萄牙对外扩张的是新基督教徒，即在统一后改信基督教的人们。但实际上，他们中有很多人之前是信仰犹太教，这是自古以来的宗教。

葡萄牙人在果阿

新基督教徒在亚洲的活动急剧增加。葡萄牙国王在果阿进行了异端审判。不仅在亚洲，在其他葡萄牙领地新基督教徒也不断增加。这与葡萄牙王室的权力无关，因为很多人都是利用商贸网络的自发移民。很多人相信，去印度会比在本国更有钱，所以不惜漂洋过海，其中包括很多新基督教徒。他们作为私贸商人而活跃着。

连结亚洲和新大陆的葡萄牙商人

最近有人认为，到了17世纪中期的时候，葡萄牙王

第七章 好望角航线如何改变亚欧关系

室不再重视亚洲,而更重视巴西。但在现实中,可能这两个地区的联系反而得到了强化。在利马、巴伊亚、波尔图·贝洛、卡塔赫纳、塞维利亚、里斯本、阿姆斯特丹、安特卫普、果阿、加尔各答、马六甲、马尼拉等地,都住着有血缘关系的人,形成了一个网络。也就是说,形成了跨越伊比利亚半岛、拉丁美洲和亚洲的巨大网络。

在西班牙哈布斯堡家族的统治下,新基督教徒的贸易网向大西洋扩张,波及到巴西、秘鲁、墨西哥。而且,这个网络与葡萄牙人所居住的澳门和马尼拉的网络结为一体。在把欧洲、大西洋和亚洲联合为一个贸易网这一方面,葡萄牙的新基督教徒发挥了重要作用。

1690年代,巴西发现金山之后,巴西—里斯本之间的贸易得到发展。葡萄牙与英国之间的贸易赤字由从巴西运来的黄金来弥补。这些黄金对英国的金本位制产生了重要作用。

根据1692年发布的命令,葡萄牙船从印度途径巴西东北部的巴伊亚,然后从巴西返回里斯本。1697年到1712年之间,里斯本驶往亚洲的39艘船中有22艘停靠在巴伊亚,然后返回里斯本。为了交换巴西的黄金,他们在亚洲购买印度棉、中国制的陶瓷和丝绸。

到了1580年代,葡萄牙人把印度棉运抵北非和黎凡特。在西非,葡萄牙人出售他们从印度古吉拉特、信德州①、坎普尔购买的低质量纺织品,然后购买奴隶。

这种贸易利润巨大。奴隶在巴西的售价是在西非购买时价格的5倍,在加勒比海和墨西哥市场则以8倍的价格出售。

棉花被用作在东南亚购买香料的媒介。此外,为了换取黄金和象牙,葡萄牙人开始在西非销售英格兰和弗兰德尔的亚麻布。16世纪下半叶,欧洲人从欧洲和亚洲两个方向向西非运送布料。

以棉花为核心,大西洋和印度洋甚至东南亚被联系起来。虽然这可能只是一种松散的联系,但葡萄牙人却将它们联结起来,这一点值得大书特书。

尤其重要的是,17世纪下半叶到18世纪,在葡萄牙国王的许可下,葡萄牙人进行了所谓的"亚洲—巴西—亚洲"的直接贸易。

除了黄金,巴西还出口在亚洲购买的商品。鼻烟和砂

---

① 信德州,今巴基斯坦。——原注

糖在果阿和澳门都有销售。因为这些交易,即便到了18世纪,葡萄牙商人依然活跃在亚洲乃至大西洋的贸易之中。葡萄牙商人将亚洲与新大陆联系在了一起。

与此相反的是,亚洲商人绕过好望角而进入欧洲和大西洋的事情完全没有发生。

这是欧洲商人和亚洲商人的根本性差别。

第八章

东印度公司做了什么

英国、荷兰的东印度公司

英国东印度公司成立于 1600 年,荷兰东印度公司成立于 1602 年。很早以来荷兰就有好几家和东印度进行贸易的公司,为了对抗英国,荷兰将这些公司进行合并重组成为东印度公司——正式的联合东印度公司。

东印度离欧洲太远了,如果事情发生之后都要逐一向本国请示,这根本来不及。于是,一种国营公司应运而生,它依靠军队保护商业活动,以此来促进交易。英、荷两国东印度公司能够成立,正是出于这个原因。两个公司都有军队,虽然要接受本国的领导,但它们有权在不向本国总部请示的情况下独自行动。

当代欧美经济史学家热衷于研究政府利用军事力量努

装卸东印度公司货物的伦敦码头

力推进商业活动这一现象。在众所周知的经济学中,完全竞争市场的存在是以没有扰乱市场机制的外界干扰为前提的。但在现实世界中,总有各种因素来阻碍市场的健康运转。

例如,在中世纪的欧洲,商人在为了交易而四处奔波

第八章 东印度公司做了什么

的时候,不得不自己保护自己,或是出钱让别人保护自己(保护费),以免受到海盗的掠夺。此类费用被称为"保护租金"(protection rent)。无论是英国还是荷兰,为了保护商人,东印度公司都免除了当地商人数额相当可观的保护租金,因此商人们可以放心地进行交易。这种体系的创建,是英国、荷兰东印度公司的最大特征。

1623年,发生了荷兰杀害英国商馆人员的安汶岛(安博伊纳)事件。事后不久,英国撤离东南亚,将印度作为其亚洲贸易的根据地。此后,荷兰以印度尼西亚为中心,英国以印度为中心进行活动。

当时能够从欧洲向亚洲出口的国家极少,英国、荷兰以外的国家很难参与和亚洲的贸易。因此,英国、荷兰的东印度公司垄断了从亚洲进口的商品。在17世纪,从亚洲进口的最重要商品是香料,而英国、荷兰则出口武器。

中世纪的时候,香料从摩鹿加群岛经印度洋,通过红海,运往埃及亚历山大港,然后由意大利商人运抵意大利,之后再运送到整个欧洲。

因为1600年和1602年东印度公司的出现,到了17世纪,欧洲的船舶慢慢地担负起在亚洲的运输任务。亚

洲的物流逐渐落入欧洲人手中。这绝不仅仅是军事成功的结果。

东印度公司新在何处

最先来到亚洲的欧洲人是葡萄牙人,但他们没有建立巨大的公司,国家也没有保护商业活动。

与此相反的是,利用庞大的公司组织来保护远离欧洲的商人的活动,这无疑是英国、荷兰东印度公司的革新性。

除此之外,英国、荷兰东印度公司还有两个重要的革新之处。一是通过私贸商人(private trader)的活动扩大了亚洲范围内的贸易。这也意味着他们加强了与率先进入亚洲的葡萄牙商人的合作关系。英国、荷兰并没有驱逐葡萄牙商人,超越国家界限的商人网络是非常强大的。

第二是与当地商人特别是亚美尼亚人合作,联通了陆地和海洋之间的贸易网,形成了更大的贸易网络。

英国、荷兰的东印度公司都允许员工在公司贸易以外,在亚洲区域内进行自己的贸易,即从事私人贸易。通常而言,私人贸易比在公司的事业更赚钱,为了寻求私人贸易的利益,在英国、荷兰东印度公司中工作的人越来越少。

第八章　东印度公司做了什么

对于多数员工而言，或许那才是主要目的。

商人可能本就拥有独自前往印度进行贸易的能力。但英国、荷兰的东印度公司被国家授予了好望角以东的贸易垄断权，那么在现实中无视这样一现状绝非上策。因此，商人认为，成为东印度公司的员工，在亚洲继续进行自己的贸易，这才是明智之举。

这是葡萄牙始终无法做到的事情。葡萄牙没有这样的公司，到达亚洲的商人建立了他们自己的网络来从事商业活动。

荷兰东印度公司在18世纪时大约共有2万名员工。随着时代的变迁，公司不仅有荷兰人，德国人的比例也增加了。当时德国人不得不在相当恶劣的情况下工作，甚至可以说该公司是德国贫民的救济机构。很多德国人涌向印度尼西亚，在这里工作，在这里死去。乍看之下，可能会被认为是鲁莽的尝试，但即使在欧洲，这些贫民将来也不稳定，死亡率也很高，所以他们的行动绝对是合乎情理的。

另外，英国、荷兰的东印度公司不仅垄断了与亚洲的贸易，还进行领土扩张。

不久，由于在与英国的竞争中失败，荷兰东印度公司

物流改变世界历史

在18世纪末解散。英国东印度公司的解散是在1857年。之后，印度由英国政府直接统治。因为蒸汽船和电信的发展，即使没有东印度公司，英国也可以直接统治亚洲。

英国、荷兰东印度公司的组织，在现在看来是漏洞百出，弊病随处可见。它们没有形成能够将公司意图渗透到所有员工的体制。员工和当地人合作经商，可能也背离了东印度公司的利益。

即使违背本国的命令也很简单。员工是否遵守公司的命令，大多是由他们自己决定。当时国家的力量还很弱。

在此情况下，18世纪初，英国东印度公司开始向英国出口印度生产的棉织品——印花棉布。"印度·印花布"受到很多西欧国家的欢迎。

葡萄牙人在亚洲的重要性

虽然葡萄牙国家的实力并不强，但在亚洲，葡萄牙商人的势力直到18世纪仍然很强大。

即便是到了18世纪第二季度[①]，葡萄牙商人仍在印度尼西亚的巴达维亚购买香料。此外，在印度市场上，澳门的

---

① 指1726—1750年。——译者注

第八章 东印度公司做了什么

葡萄牙人超越了国家界限,与英国东印度公司和英国的国家交易员[①]保持着密切联系。

18世纪的亚洲,英国东印度公司逐渐取代了荷兰东印度公司。在此期间,葡萄牙商人作为私贸商人而得以生存下去。

葡萄牙人利用亚洲的高利贷者做生意。葡萄牙人能够在亚洲继续经商,他们的资本不可或缺。虽然这可能与在日本的活动相矛盾,但据说在17世纪到18世纪前半叶,葡萄牙商人几乎不太受宗教束缚而进行活动。作为天主教的布道者,他们所起的作用非常有限。因此,他们可以与中国商人、其他欧洲人甚至亚美尼亚人进行贸易。

在中国的葡萄牙人的商业活动,为亚洲海上贸易的发展做出了巨大贡献。作为连接中国和日本的中间商,他们非常活跃。日本和新大陆的白银经由马尼拉抵达中国,这极大刺激了明代后期的中国特别是广州的贸易。来自以果阿为中心的葡属印度的、驻澳门的国家交易员,将马尼拉的市场与印度联接起来。这意味着亚洲贸易的新轴心诞生了。

葡萄牙在亚洲贸易中有着巨大影响力。

但长期来看,葡萄牙商人的作用在逐渐减弱,荷兰商

---

① 国家交易员,从事亚洲内部交易的商人。——原注

人和英国商人的势力在逐渐扩大。这与欧洲国家势力的扩大是同步的。话虽如此，对于葡萄牙这样的小国而言，仅仅因为本国商人在亚洲的活跃，或许就已经拥有了足够大的市场。这是小国才有的富裕市场。17世纪末期，葡萄牙商人与英国、法国的东印度公司进行贸易。因为两家东印度公司在商业上都没有必要与葡萄牙敌对。

葡萄牙商人与国家意向没有关系，而是他们自己向海外发展。的确，像耶稣会这样的官方组织确实在进行传教活动，但与此同时，也有不受宗教束缚、为了获取利润而远赴亚洲的商人。后者进入亚洲的各个角落，肩负着超越宗派壁垒的贸易活动。

亚美尼亚人与英国东印度公司的合作关系

公元301年，亚美尼亚王国在世界上率先将基督教定为国教，因此名声大噪。据推测，现在亚美尼亚地区的正教徒约有500万人。

在漫长的历史中，他们的领土多次发生重大变化。但一般认为，被视作"亚美尼亚"领域的地区，西至小亚细亚高原，东至伊朗高原，北至南高加索平原，南和东南抵

第八章 东印度公司做了什么

达美索不达米亚。

该地区是交通要冲,从亚洲到欧洲的人们只要选择陆路行进,就必须经过该地区。因此,他们经常作为翻译而活跃着。另外,与他们建立贸易关系,就意味着可以利用他们从俄国到东南亚的商业网络,这是极其重要的。

1606年,波斯萨非王朝的阿巴斯一世建立了新朱尔法,超过15万亚美尼亚人从旧朱尔法移居到这里(详见第十一章详述)。

亚美尼亚人是一个没有国家的民族,到了17世纪,以伊朗的新朱尔法为根据地,主要因为陆路贸易而活跃。瓦斯科·达·伽马抵达印度后,16世纪开始印度洋成为了葡萄牙人的海洋,因此人们大多认为陆上交易被淘汰了。但实际上以亚美尼亚人为中心的陆上交易一直活跃着。例如,英国东印度公司与亚美尼亚商人建立合作关系,与波斯萨法维王朝进行贸易。英国东印度公司使用熟知当地语言、习惯、统治机构的亚美尼亚人。

英国东印度公司虽说巨大,但依然是公司组织。相反,亚美尼亚人的商业组织虽然规模和个人事业主几乎没有区别,但也被认为是公司组织。因此,公司之间的合作经营

得到了发展。

直到18世纪,在因英国而进行的与孟加拉帝国和萨法维王朝的外交和金融交涉中,亚美尼亚人发挥了重要作用。在与欧洲各国的贸易中,希腊人、亚美尼亚人、犹太教徒比穆斯林的土耳其人更有优势。

正是因为把据点从东南亚转移到了印度,英国才能利用亚美尼亚人的商业网络。

并非用军事力量进行压制

正如本书所指出的那样,无论是印度洋还是东南亚的海洋,即便存在各种宗派的商人,但长期以来穆斯林商人是最强的。

然而,这些海洋的物流先后由葡萄牙商人、荷兰商人和英国商人等欧洲商人承担。17世纪东南亚的香料,18世纪印度的棉花,都由欧洲商人进行运输,前者由荷兰人运输,后者由英国人运输,甚至印度和中国的茶叶也用欧洲船运输。

另外,即便是在东南亚内部的贸易中,欧洲船的比例也提高了。亚洲的物流体系逐渐落入欧洲人手中。但这种局面的出现,并不是因为欧洲人和亚洲人处于敌对关系而

第八章 东印度公司做了什么

荷兰东印度公司在孟加拉的商站

欧洲人取得了胜利。

经历了大航海时代的欧洲，具有远胜于亚洲的航海技术。没有亚洲人绕过好望角航行到欧洲。欧洲人运用指南针进行远距离航海。另外，由于中国实行海禁政策，虽然竞争对手没有了，但是中国的航海技术也停滞不前了。这些都是应该考虑的因素。

不管怎么说，军事技术的优越能够在战争中获胜，但并不能改变物流体系。

物流体系因为有了从国家独立出来的商人而发生了巨大变革。

第九章

荷兰为何成为世界上首个霸权国家

波罗的海贸易——荷兰的"母亲贸易"

所谓霸权国家，是作为历史学术语经常出现的词语，通常被用来指"最强大的国家"。如果限定在经济方面，则是指拥有最强大经济实力的国家。那么，"最强大"具体指的是什么呢？

一言以蔽之，在经济方面，能够决定什么是正确的国家才是霸权国家。荷兰是首个这样的国家。也就是说，在整个欧洲的贸易中，荷兰的做法成为了标准。如果某个国家违反了荷兰的意向，就有可能不被提供必要的物资，造成经济上的重大损失。在荷兰之前，欧洲尚没有出现拥有如此强大力量的国家。荷兰向欧洲各地输送商品，成为欧洲的物流中心。

那么，对于荷兰经济来说，最重要的是什么呢？

物流改变世界历史

荷兰市场的繁盛

第九章 荷兰为何成为世界上首个霸权国家

那就是与波罗的海地区的海运业。通过将从波罗的海地区进口的谷物以及海运材料运往欧洲各地，荷兰获得了巨额利润，成为了欧洲的物流中心。如果荷兰的物流体系无法正常运转，欧洲的经济活动将会遭受重大困难。

没有粮食，人们就无法生活下去。另外，由于使用了波罗的海地区的海运材料，欧洲各国才能建造船舶，进入世界的各个地区。

尽管如此，对荷兰的经济而言，与亚洲的贸易也非常重要。荷兰确实从亚洲进口香料，也向亚洲出口武器。

但是，与亚洲进行贸易的成本很高，而且船只失事的情况也很多，风险很高，因此无法向荷兰提供稳定的利益。与此相反，与波罗的海地区的贸易却给荷兰带来了实实在在的利益。因此，波罗的海贸易被称为荷兰的"母亲贸易"。

欧洲的人口增长

从 16 世纪下半叶到 17 世纪中叶，整个欧洲的人口有了相当大的增长，这在现在已是广为人知的事实。由于人口增加，农作物价格的上涨速度超过了工业产品价格的上涨速度。

1500 年前后欧洲人口为 8100 万人，1600 年前后达到

1亿400万人。一百年间,人口增长了约28%。这种程度的人口增长对现在而言可能并不算是什么大的增长,但在粮食生产能力非常低下的近代,这无疑是人口的大幅增长。

即便人口再怎么增加,只要粮食生产随之增加,粮食价格就不会上涨。但是,如果粮食供应停滞,粮食不足就会成为严重的问题。

进入16世纪后,整个欧洲的小麦价格开始上涨。如果换算成黄金,在1600年左右达到顶点。换算成白银的谷物价格,在地中海地区同样在1600年达到最高。

虽然程度不同,但整个欧洲都存在食物不足的问题。遗憾的是,很难了解地域之间的差异。尽管如此,基本可以确定的是,地中海诸国都面临严重的粮食不足问题。

其主要原因在于,原本可能实现粮食自给自足的地中海地区,到了16世纪末期却变得不可能了,而且奥斯曼帝国也无法实现粮食的自给自足,只有增加粮食进口。

到了16世纪末,整个地中海地区都出现了粮食不足的现象。因此,当时的意大利商人不得不依靠外国船只进口谷物。意大利的贸易城市热那亚、威尼斯、里窝那,与大量出口谷物的波兰的但泽(格但斯克)建立了定期的贸易关系。

第九章 荷兰为何成为世界上首个霸权国家

从 1570 年左右开始,荷兰船进入地中海地区。在史料中,记载得最完好的是进入里窝那港的船舶数量。里窝那是自由港,外国商人的活动不需要缴纳税金,而且它还为外国商人提供良好的设施,因此得到了发展。到了 16 世纪末,可能波兰产的谷物已通过荷兰船得以进口。

关于地中海的粮食不足,历史学家克里斯托夫·格鲁曼曾这样说道:"16 世纪下半叶,地中海地区的某些必需品越来越依赖外部供应。在这一时期,西地中海地区的谷物状况恶化。饥荒和饥饿袭击了地中海各个城市。"[①]

由于谷物进口使用的是荷兰船,不仅波罗的海地区,地中海的物流也由荷兰负责。

造就荷兰霸权的谷物运输

随着人口的增长,城市也随之发展。如表 5 所示,人口在 4 万以上的城市,在 16 世纪初为 26 个,但在 17 世纪的转型期达到 42 个,17 世纪末上升到 47 个。

16 世纪初期还没有人口 20 万—40 万的城市,但在 17

---

① K.Glamann, "European Trade 1500–1700", in C.M.Cipolla(ed.), The Fontana Economic History of Europe, Vol.II, Glasgow, 1972, P.72。

世纪初期出现了3个这样的城市。

在17世纪末,人口超过40万的城市都出现了。随着城市数量的增加,城市居民数、城市居民比率也随之增加。因此,不进行农作物生产、只进行消费的人数和比例都增加了。这种状况带来了怎样的经济变动,我们对此进行分析。

表5 人口4万以上的欧洲城市数[1]

人口	16世纪初	16世纪末至17世纪初	17世纪末
40万人以上	0	0	3
20~40万人	0	3	1
15~20万人	3	3	1
10~15万人	2	6	7
6~10万人	5	10	14
4~6万人	16	20	21

简单地说,由于全欧洲城市数量和城市人口的增加,农作物运输的必要性也在急剧增加。

---

[1] J.Mols, "Population in Europe 1500–1700", in Carlo.M.Cipolla (ed.), The Fontana Economic History of Europe, Vol.II: Sixteenth and seventeenth Centuries, Glasgow, 1970, P.32f.

第九章 荷兰为何成为世界上首个霸权国家

在这样的时代里,确保谷物运输的重要性就成了题中之义。

当时,作为波罗的海地区经济中心的波兰是欧洲首屈一指的粮仓。另外,虽然波兰的土壤生产力很低,但波兰贵族阶层赫拉赤塔的势力非常强大,他们可以通过出口谷物而获得巨额利润,故而能够将剩余的谷物销往国外。从1550年代到1660年代,波兰的谷物成为西欧人不可缺少的东西。

17世纪的阿姆斯特丹

这些谷物大多被装载在穿越厄勒海峡的船只上,出口到荷兰的阿姆斯特丹。然后再从此出发,由荷兰船运往欧

洲各地。可能是在阿姆斯特丹作出的决定：谷物将被运往何地。荷兰商人承担了这一重任。当时，荷兰的船舶占欧洲船舶总数的一半到三分之二，不仅是谷物，在很多商品上，荷兰都成为欧洲世界的物流中心。

对荷兰来说，波罗的海地区的谷物贸易在1540—1650年间迎来了"扩张时代"，那也是荷兰经济的黄金时代。

关于荷兰的谷物贸易，下面这段话直接体现了其重要性。

> 对荷兰的粮食供应和劳动市场而言，谷物贸易非常重要。此外，它还影响到荷兰以外的地区，荷兰商人为了获取利益可能投入了巨额资金……
>
> 通常，与奢侈品买卖投资带来的令人眼花缭乱的利润相比，这一领域的利润是非常低的。但是，即便商人的世代都已更迭，但谷物贸易的利润仍然每年都在流入。这一交易为许多投资者提供了赚钱的机会。而且，在长达数百年的时间里，这种情况都没有改变而持续存在。谷物贸易的影响遍及所有领域。正因如此，即使仅凭这一点，将谷物贸易视作近代荷兰经济

的基础,也是理所当然的。①

欧洲森林资源的枯竭

如前所述,粮食危机是由于人口增长和城市化问题而产生的。此外,人口增加也导致了能源供给源(工业用原料及燃料)即森林资源的枯竭。

由于人口的增加,能源消耗量随之增大,欧洲的森林资源也不断减少。例如,在意大利的伦巴第,即使在城市以外的地区,森林覆盖率在1555年也仅为9%。法国在1500年前后的森林覆盖率为33%,1650年前后则减少到了25%。而且,森林的质量也明显恶化,树龄古老的森林不断被砍伐。

从中世纪后期到近代,意大利的海运业取得了显著发展。但这也导致了海运材料的主要原料木材的枯竭。杂木原本是作为燃料使用,与造船所用的橡木等种类不同。但早在16世纪,就有人感叹威尼斯造船业对橡木林造成的持

---

① 米尔亚·范·蒂尔霍夫著,玉木俊明·山本大丙译:《近世贸易的诞生——荷兰的"母亲贸易"》,知泉书馆,2005年,第4页。——原注

续破坏。威尼斯腹地的森林资源也枯竭了,但威尼斯的私营造船业主没能在附近地区找到足够的森林资源用于造船。

第六章已经论述,即使是现在,地中海地区也能看到群山中盖着好几栋房子的情况。这是一种对自然的破坏,砍伐了用于海运材料的森林,建起了房子。

即便是到了 17 世纪末期,威尼斯的造船业也没有恢复。寻找造船所需的材料变得越来越困难,威尼斯建造船只的费用增加到了四倍。即便是在威尼斯的贸易中,非威尼斯制造的船只的比例也增加了。因此,威尼斯的海运业陷入了危机。

随后,北欧的船陆续进入地中海地区,其中初期占比最大的是荷兰的船。

从谷物时代到原材料时代

16 世纪下半叶到 17 世纪上半叶,波兰作为波罗的海地区的经济中心,是欧洲首屈一指的粮仓。波罗的海地区能够出口的谷物,最多只能养活 75 万人。即便如此,对于地中海沿岸地区来说,它依然是非常重要的进口商品。

除了谷物以外,由于波罗的海地区保存有非常多的森林资源，从16世纪后期开始，此地区成为欧洲最大的木材供应地。此外，这里还是船舶上防风板所使用的沥青、焦油、绳索，帆所使用的亚麻、麻，锚所使用的铁等海运材料的供应地。对于欧洲的对外扩张来说，波罗的海地区的森林资源是不可或缺的。

波兰历史学家马里亚·波格茨卡认为，从1550年代到1660年代，波兰的谷物是西欧人生存下去的不可缺少的商品，波罗的海贸易中这种"谷物时代"一直持续到17世纪中叶。以1600年为界，木材价格的上涨速度超过了谷物价格上涨的速度，但直到17世纪中期，谷物仍然非常重要。从17世纪下半叶到18世纪，西欧和南欧的粮食状况迅速得到改善，对波罗的海地区谷物的需求减少。这个新的时代被称为"原材料时代"。

如上所述，荷兰作为欧洲最大的经济大国而崛起的背景，首先是与波罗的海地区的谷物贸易，其次是海运材料的进口。

波罗的海地区贸易中使用的荷兰"飞船"

从1479年到1660年，有超过40万艘船在厄勒海峡航

行，从事波罗的海与其他地区的运输，其中约六成是来自荷兰的船。

荷兰在波罗的海贸易中使用的船舶，是被称为"飞船"的非武装商船，运输成本非常低，数不胜数的国家委托飞船来进行运输就是证明。飞船的装载空间差不多是正方形的，因此装载量很大，而且很轻。

从谷物时代进入到原材料时代后，在与波罗的海地区的贸易中，荷兰船所占比例下降。1661—1780年，在厄勒海峡航行的船数为41.3万艘，荷兰船仅为34%，所占比例大幅下降。

不过，荷兰能将欧洲对外贸易所必需的海运材料运往各个国家。如果没有荷兰的物流体系，欧洲就无法向欧洲以外的世界发展。可以说，直到18世纪末，欧洲对世界的统治都严重依赖于荷兰的物流体系。

第十章

"大不列颠治下的和平"如何实现

成为世界最大帝国的英国

继荷兰之后,英国成为了世界历史上第二个霸权国家。英国造就了"大不列颠治下的和平",直译就是"英国的和平"。

但实际上,这个词并不是指英国带来的和平,而是指在维多利亚女王时期(1837—1901年在位)英国成为了在全世界各地均拥有殖民地的大帝国——"日不落"帝国。这才是"大不列颠治下的和平"的真实面貌。

依靠世界上最大的舰队,英国维持着"大不列颠治下的和平"。于是,这支舰队也维持了世界的和平。但是,这并不是仅靠军事力量来维持的。

处于英国势力之下的不只是殖民地和自治领,还有一

些地区虽然在政治上不是殖民地，但在经济上与殖民地无异。中国和拉丁美洲就是如此。它们不是字面上的属于英国政治统治的殖民地即"正式帝国"，不过虽然没有成为殖民地但实际上受到英国的操控。就此意义而言，它们被称为"非正式帝国"。

其他欧美国家虽然不如英国，但也有殖民地。不久，日本也加入到它们的行列。但是，除了英国以外，没有其他国家拥有"非正式帝国"。

这到底是为什么呢？

这是因为英国是世界物流的控制者。在被称为"大不列颠治下的和平"的时代，英国不仅向全世界派遣舰队，还派遣商船队，以维持"大英帝国"。

英国确实拥有世界上最强大的海军，这对于通过军事维持遍布世界的帝国是必要的。但是，大英帝国绝不仅仅依靠军事力量进行扩张。英国拥有世界上最大的商船队，在全球化推进的19世纪，英国掌控世界上的货物运输，这才是值得我们关注的重要事实。

一般认为，英国依靠18世纪下半叶的工业革命而成为世界经济的中心。但英国经济实力的增强是在19世纪下半

英国工业革命时期的运河

叶,这在很大程度上是因为随着全球化的发展,由英国蒸汽船来运输世界各地的商品和人口。如果没有英国的蒸汽船,世界经济体系就无法发挥作用。

英国是世界商品的运输者,但这并不是一朝一夕就能实现的。1820年,在巴西与英国之间,帆船的航行天数为62天。到了1872年使用蒸汽船之后,航行天数缩短到18天。这种航行天数的大幅缩短需要半个多世纪的岁月。

"最明智的政策"——航海法的制定

在近代欧洲,运输费用极其昂贵,转口贸易的收入非

常可观，这是经常被忽略的事实。但这件事的重要性无论怎么强调都不为过。

一些国家为了减少荷兰的运输收入，增加本国的运输收入，采取了保护海运业的政策。其中，只有一个国家为了对抗荷兰而建造了运输成本更低的船舶，将荷兰人掌握的欧洲物流体系转换为本国的运输体系，以此来提高经济实力——那就是英国。通过荷兰，英国意识到了掌控海运业、控制物流的重要性。

为了对抗荷兰，英国采取了重视海运业的政策，并且成为唯一成功的国家。如前所述，一般认为英国掌握世界经济霸权是因为重视工业革命，但这也意味着在此之前英国已经成功排挤了荷兰船。

从1651年开始，英国多次制定航海法。该法律规定，英国在进口时必须使用英国的船或进口方的船。实际上，英国在出口方面已经成功地使用了英国的船。如果不使用荷兰船作为进口船，那么在英国的贸易中就可以完全驱逐荷兰的势力。也就是说，在英国的贸易中，无论是出口还是进口，都可以使用英国船来进行，英国与海外之间的物流都掌握在了英国人的手中。

长远来看，英国的这种政策使19世纪的帝国主义取得了成功。英国经济学的创始人亚当·斯密也说过："航海法是历代英国政府所采取的最明智的政策。"

国家管理贸易活动的独特体系

英国并非很早就意识到了海运业的重要性。根据英国海洋史研究的泰斗拉尔夫·戴维斯的说法，在1560年前后，英国作为海洋国家的地位还极其低下，不要说荷兰、西班牙、葡萄牙，就连汉堡甚至吕贝克这样的城市都难以企及。

此种情况下的英国，开始采取国家主导海运业发展的政策。转折点是1651年克伦威尔制定的航海法。

英国人拥有的船舶总吨位数，从1572年的5万吨增加到1788年的105.5万吨，两百年几乎增加到了21倍。

直到19世纪初期，除了农业以外，英国最大的产业就是毛纺织业。然后，因为工业革命，开始向棉纺织业转变。即便是在毛纺织业的全盛时期，海运业的地位也仅次于毛纺织业，比重也大幅提高。由此可见，英国非常重视物流业。

17 世纪英国的布里斯托尔港

1660 年王政复辟以后,英国的贸易量尤其是与欧洲以外世界的贸易量大幅增长,拉尔夫·戴维斯将其命名为"商业革命"。在这场商业革命中,英国在贸易中越来越多地使用英国船,而不是荷兰船。其结果是,很快英国以外的贸易活动也开始使用英国船。英国之所以能够掌握世界霸权,正是因为这个原因。

不仅是大西洋的贸易,即便是在欧洲内部的贸易,英国也成功地将荷兰船排挤出去。与其他国家不同,在大西洋与欧洲内部的贸易圈中,英国成功构建了国家管理贸易

第十章 "大不列颠治下的和平"如何实现

活动的体系。这正是英国的独特性。

事实上,英国以外的国家如法国、西班牙、葡萄牙等国,即便在大西洋贸易中使用本国船只,但在与北海和波罗的海地区的贸易中更倾向于使用荷兰船。

因为英国船的使用,支付给外国人特别是荷兰人的运费降低了,这对国际收支的改善有很大帮助。近代的英格兰乃至英国,与其说是保护贸易,不如说是以"保护海运业政策"为特征。通过这一政策,在英国与其他国家之间的物流上,英国取得了控制权。20世纪初期,若换算成吨位,世界上约有一半的船是英国船。英国船运送着世界各地的商品。

现在的研究认为,在法国革命进行得如火如荼的18世纪末期,英国超越荷兰而成为了欧洲最大的海运国家。这意味着,在19世纪的帝国主义时代,英国成为了运输世界商品的国家。换言之,英国成为了控制世界物流的国家。

驶往拉丁美洲国家的定期航班

现在,大部分拉丁美洲国家的官方语言是西班牙语或葡萄牙语。在拿破仑战争(1803—1815)结束之前,拉丁美洲的出口产品主要出口到宗主国西班牙和葡萄牙，但在战后，伦敦成为了拉丁美洲的出口中心，其次是汉堡。与宗主国之间的经济纽带减弱，可能是前西属诸国相继独立的重要原因之一。

因此，英国对拉丁美洲的投资额大幅上升。1826年为2500万英镑，1895年则是5.5亿英镑，1913年达到了11.8亿英镑。英国的投资中公债最多，其次是铁路。说拉丁美洲的铁路是由英国铺设的，这一点都不过分。于是，拉丁美洲的物流也由英国人来管理。

英国从拉丁美洲进口牛肉、玉米、小麦、橡胶、皮棉，然后再将其出口。

正是这样，南美的经济水平有所上升。因此，也出现了在南美工作的欧洲劳动者。

1886年出版的意大利小说《爱的教育》中，其插曲《三千里寻母记》的主人公马可的母亲为了挣钱甚至去了阿根廷。马可为了追寻他的母亲，尽管只有13岁的年龄，却独自一人横穿大西洋来到了阿根廷。这说明19世纪末期已经有了横渡大西洋的蒸汽船的定期航线。船上不仅装着人，还装着货物。这些定期航班大多是英国船。

随着世界的一体化进程,以英国船为主体的蒸汽船发挥了巨大的作用。而且,它们还对热那亚普通百姓的生活产生了影响。

亚洲内部物流也由英国担负的理由

在中国的清代,1757年以后与外国的贸易仅限于广州一港。但是,1840年爆发的鸦片战争结束后,根据1842年签订的《南京条约》,开放了广州以外的福州、厦门、宁波、上海等四个港口,木制中国帆船的使用逐渐减少。例如,据说即便是在中国和暹罗(今泰国)的贸易中,蒸汽船的使用也在增加。的确,到了20世纪,虽然中国帆船仍在中国与暹罗的贸易中使用,但已不再发挥重要作用。

在中国,不论是远洋航行还是在沿岸航行,英国的蒸汽船都成为主流。1902年,在中国从事远洋航行的蒸汽船有7224艘,其中3627艘是英国船。同年的沿海航行中,船的总数为19749艘,其中英国船为9789艘。

不过,在上海以北的北洋航运,直到19世纪末,多数仍是使用中国帆船。但至迟在1890年代,英国船在中国的远洋航行和沿岸航行中都非常活跃。

中国以海上贸易所建立的物流,也已被英国所控制。

中国受到了欧洲蒸汽船的巨大影响。当然,其核心是英国船。与蒸汽船相比,中国帆船大多较小。而且帆船即使有一定的速度,也容易受到风的影响,航行缺乏规律性。因此,中国虽然想发展蒸汽船的海运公司,但由于政府的企业经营效率低下,很难与欧美的海运公司竞争。

随着海运业的发展,不仅是中国,亚洲的很多商品(可能还有很多移民)都是通过欧美特别是英国船来运输。也就是说,亚洲内部的物流已由英国船担负。

鲜为人知的是,1850年代中期是快速帆船的全盛期。但与蒸汽船相比,帆船虽然在速度上并不逊色,但在航海的规律性上却处于明显的劣势。帆船没有风就不能航行,根据风向的不同,航行所需的时间也会发生很大变化。蒸汽船则不会像帆船那样为风向所左右。蒸汽船在长距离航行中已经明确取代了帆船,这大大延长了定期航线的范围。

英国船舶公司 P&O(Peninsular and Oriental Steam Navigation Company)的船首先航行到锡兰岛(即斯里兰卡),然后分别驶往中国的上海、福州和澳大利亚。这些航线都是定期航线,承载着大量的人和货物。

第十章 "大不列颠治下的和平"如何实现

如此,通过英国船的定期航线,世界上的多数地区都连接起来,使用那些航线运送了大量商品。1900年前后,世界上半数的商船都是英国船,由此可见,英国在世界物流中占统治地位。

英国不是世界工厂,而是世界的运输业者

18世纪下半叶,英国在世界上第一个成功进行了工业革命,作为世界工厂而活跃,这给人们留下了强烈的印象。

但是,在1710—1910年之间,英国的贸易收支几乎没有盈余。英国被称为"世界工厂",依靠纺织工业成为世界上第一个工业国家,但仅从贸易收支来看,这并没有给英国经济带来太大的帮助。

19世纪下半叶以后,来自海运业的收入大幅增加。这是因为英国向世界各地派遣了蒸汽船,对世界物流产生了巨大的影响。

英国的确通过工业革命改变了世界,但使英国成为世界最大的经济大国,缔造"大不列颠治下的和平"的不是工业,而是海运业。随着蒸汽船的发展,运输世界商品的收入已经大大超过了出口工业产品所获得的利润。

在航海法颁布的17世纪和18世纪，英国控制着自己与贸易伙伴之间的物流。从19世纪下半叶开始，英国控制了世界的物流。由于重视物流，英国成为霸权国家，并实现了"大不列颠治下的和平"。

第十一章

无国之民如何改变世界历史1
——亚美尼亚人

何为"大流散"

"大流散"是最近广泛使用的术语。各种各样的人的大量移民,都可以称之为"大流散"。例如,华侨就是其中的代表性例子。

但对华侨来说,与其说是"大流散",不如说是"移居(migration)"更为贴切。因为他们并不是因为宗教原因而被迫移居。"大流散"这个词被广泛、无限制地使用,但其正确的定义似乎反而被忽视了。在此,我们将再次确认"大流散"的正确含义。

所谓"大流散",是表示犹太人被从耶路撒冷驱逐、陷入离散状态的词语。公元前586年,新巴比伦的国王尼布甲尼撒二世最终将犹太人从耶路撒冷强制迁往巴比伦。他们被称为"巴比伦囚徒"。此后,一直到以色列建国为止,犹太人在漫长时间里都是没有祖国的民族。

过逾越节的犹太人

"大流散"在本质上包含了受到"宗教迫害"的"强制移居"的意思。在我所研究的近代欧洲历史中,也无法回避移民与宗教迫害的关系问题。由于宗教改革引发的宗教战争,导致与国王和领主宗派不同的信徒被迫从居住地迁移到其他地区。近代欧洲遭受过这种强制移民的是法国的胡格诺派。1685年,法国国王路易十四废除了南特敕令,20多万人离开了法国,移居到国外。

本书将大流散的对象限定为"并非出于自愿而是因为

第十一章　无国之民如何改变世界历史 1——亚美尼亚人

宗教原因而被迫移居",在此基础上展开论述。从非洲乘坐奴隶船被强制迁移到新大陆的黑人,因为不是宗教迫害,所以不被视为"大流散"。

曾经有人认为,那些被迫从原居地移居到国外的"大流散"的人们,与原居地的关系即便不能说消失了,但已经相当少了。

然而,在 1984 年菲利普·柯丁的《异文化间贸易的世界史》①一书出版以后,这种想法发生了很大的变化。人们认为大流散扩大了他们的生活网络。

在以大流散民族而闻名的人群中,有以中东为中心、主要在亚洲活动的亚美尼亚人,以及拥有跨越大西洋抵达亚洲的广阔商业网络的、属于伊比利亚系犹太人的塞法迪人。本章首先讨论亚美尼亚人。

亚美尼亚历史概要

众所周知,亚美尼亚王国于 301 年在世界上第一个将

---

① 菲利普·D·柯丁著,田村爱理、中堂幸政、山影进译:《异文化间贸易的世界史》,NTT 出版,2002 年。——原注

基督教定为国教。亚美尼亚正教会主张单性论①，但他们并不认为自己是单性论派。虽然没有强调基督的人性，但也并没有完全忽视。

如前所述，亚美尼亚人的领土经历了几次重大变化。亚美尼亚的土地位于交通要冲，人们通过陆路从亚洲到欧洲的话，一定要经过这一地区。称作亚美尼亚的国家几经重生又几度消亡，这与他们以这一地区为据点有很大的关系。

亚美尼亚人的国家最早诞生于公元前189年或前188年。罗马承认阿尔塔什斯一世为亚美尼亚国王。但是该王国在公元1年前后灭亡了。其后，它虽然进入了阿尔沙克王朝，甚至在4世纪末进入了萨珊王朝的统治之下，但是它建立了亚美尼亚正教会，发展了自己的文化。

在此之后，亚美尼亚曾被几个王朝统治。885年，阿肖特一世被亚美尼亚贵族拥戴为国王，拜占庭帝国、阿拔斯王朝也予以追认。但在1064年，它又被塞尔柱王朝灭亡了。1199年，里奥一世加冕，成立了奇里乞亚王国（小亚

---

① 单性论，即主张基督是单性的、神性的观点，与认为基督是人性和神性独立并存的两性论对立。——原注

美尼亚)。奇里乞亚王国一直持续到1375年。在此期间，亚美尼亚人作为贸易民族而广为人知。此后，亚美尼亚人暂时失去了故乡。

1606年，萨非王朝的阿巴斯一世在今伊朗中部的伊斯法罕建造了作为亚美尼亚人居住区的新朱尔法，超过15万的亚美尼亚人从旧朱尔法移居到此。这个时候亚美尼亚人不再是没有故乡的民族。

此时，亚美尼亚人已经成为在欧亚大陆多个地区经商的民族。亚美尼亚人的居留地以中东为中心，抵达欧洲。在俄罗斯，他们将伏尔加河下游的阿斯特拉罕作为居留地。

奥斯曼帝国境内运送丝绸的商队

在南亚，亚美尼亚人为了英国在与莫卧儿帝国与萨非王朝的外交与金融谈判中发挥了重要作用，这种情况一直持续到18世纪。此外，亚美尼亚人还利用自己的语言能力为商业活动充当翻译。

亚美尼亚人在17世纪大致以新朱尔法为据点进行活动，商业网络非常发达。他们进入奥斯曼帝国的市场后，逐渐取代威尼斯人和热那亚人，成为有势力的外国商人。

将伊朗丝绸运往欧洲

从16世纪开始，亚美尼亚人成为著名的丝绸贸易商人。近代欧洲纺织的生丝大部分产自里海沿岸，在伊朗被制成丝绸。欧洲每年消耗的丝绸，换算成生丝约为20—25万公斤。另外，欧洲人消费的丝绸有80%从伊朗进口，负责运输的就是亚美尼亚人。

17世纪的伊朗与俄罗斯和奥斯曼帝国的贸易收支是顺差，与印度的贸易收支却是逆差。为了弥补贸易赤字，白银从俄罗斯和奥斯曼帝国流向了印度。亚美尼亚人主要从事交换丝绸与白银的商业活动。在欧亚大陆的白银与丝绸的交换中，亚美尼亚人发挥着极其重要的作用。

第十一章 无国之民如何改变世界历史 1——亚美尼亚人

根据欧洲方面的史料,黎凡特路线的年度最大进口量是两万公斤。不过,这是一个少见的高数值。

然而,这一数值在 16 世纪下半叶开始上升,威尼斯的年平均进口额超过了 12.5 万公斤。另外,因为当时伊朗从印度进口了品质优良的棉花,所以并不太需要国内生产的棉花。

表 6 通过伊斯法罕的出口额(单位:皮阿斯特[①])[②]

	1626 年	1628 年
法国	527,000	581,400
英国	358,100	481,700
威尼斯	184,100	302,100
荷兰	177,500	4,100
非欧洲国家	10,500	19,500
合计	1,257,400	1,388,800

表 6 显示了通过伊斯法罕的出口额。如表所见,对法国出口最多,其次是英国。

[①] 皮阿斯特,货币单位。——译者注

[②] Edmund M. Herzig, "The Volume of Iranian Raw Silk Exports in the Safavid Period", Iranian Studies, Vol.25, No.1/2, The Carpets and Textiles of Iran: New Perspectives in Research, 1992, p.68.——原注

到了1660年代,阿勒颇取代伊兹密尔成为伊朗丝绸的出口中心,英国成了最大的出口目的地,丝绸的出口进一步增加。1675年,经由伊兹密尔出口的总额达42.2万公斤的丝绸,其中有14.6万公斤出口到了英国。在不断增加的伊朗与欧洲的丝绸贸易中,亚美尼亚人承担了重要的运输任务。

与俄罗斯的贸易——伏尔加河路线威胁其他路线

亚美尼亚人与俄罗斯的贸易以阿斯特拉罕为中心。虽然数据是零散的,但直到17世纪的最后25年,交易量都不是很大。不过,由于朱尔法的亚美尼亚人和俄国政府之间达成了商业协议,贸易量迅速增加。

1676年,俄国通过阿斯特拉罕进口生丝4.1万公斤。1712年,经由阿斯特拉罕进口生丝4.4万公斤。

到17世纪末,大量丝绸通过俄罗斯路线出口。据估算,1700年出口了10万公斤的丝绸。此外,还开辟了穿越伏尔加河的航线,这对英国、荷兰的东印度公司和奥斯曼帝国都产生了影响。1721年,奥斯曼帝国为了让亚美尼亚的丝绸商人使用黎凡特而不是俄罗斯路线,对使用俄罗斯路线出口的丝绸征收 5% 的税金。俄罗斯路线已对黎凡特路线构成威胁。

此外,亚美尼亚人还通过面向白海①的阿尔汉格尔斯克出口大量丝绸。但到了 1687 年,阿尔汉格尔斯克的地位让给了波罗的海地区的纳尔瓦。纳尔瓦的崛起,体现了瑞典政府将转口贸易的中心从白海转移到波罗的海的政策。

被招揽到印度的亚美尼亚商人

在 17—18 世纪的国际贸易中,印度是最重要的据点之一。由于印度的棉制品和生丝在世界市场上质量最好,而且价格最便宜,所以很多商人从亚洲和欧洲各地来到印度,寻找各种各样的商品。

据说,亚美尼亚商人是被莫卧儿皇帝阿克巴(1556—1605 年在位)招揽到印度的。朱尔法商人于 17 世纪上半叶在印度最富裕的孟加拉定居。印度洋上朱尔法贸易网络的核心港口是马德拉斯。朱尔法商人以马德拉斯为据点,与东南亚的马尼拉、墨西哥的阿卡普尔科进行贸易。于是,孟加拉成为了亚美尼亚人重要的商业据点,他们以此地为

---
① 白海,位于俄罗斯北部,巴伦支海的入海口。——原注

印度莫卧儿王朝宫廷,有外国人来访

根据地，与荷兰东印度公司进行通商竞争。

到了17世纪末，新朱尔法的亚美尼亚的代理人开始在印度宫廷出现。新朱尔法的亚美尼亚人共同体，在印度的阿格拉拥有教会和商业旅馆。

他们也从事印度洋的海上贸易。他们在孟买、马德拉斯、加尔各答建立了商馆，17世纪下半叶是在孟买，18世纪在卡里卡特也建立了商馆。

他们的贸易路线既包括陆上也包括海上，都跨越了印度国境。在西藏，他们不仅用印度的纺织品、琥珀、珍珠交换贵金属和中国的黄金，而且还有亚美尼亚人的共同体。

此外，以印度科罗曼德尔为据点的亚美尼亚人，在与菲律宾的贸易中也发挥了重要作用。17世纪，巴达维亚有亚美尼亚船出现的记录。

"东印度贸易"中不可或缺的存在

如上所述，亚美尼亚商人所涉及的贸易路线非常广阔。但需要注意的是，亚美尼亚人的人口很少，不应认为大量亚美尼亚人组成了庞大的商队来从事贸易，或许只是少数商人参与其中。

因此，虽然贸易网络本身非常发达，但不应过分夸大从事商业活动的亚美尼亚人的数量。遗憾的是，具体的人数并不十分清楚。

但可以确定的是，因为丝绸、生丝的贸易，亚美尼亚人活跃在欧亚大陆的广阔地区。大国使用他们这样的小国之民，特别是利用他们的商队路线进行丝绸、生丝的进出口贸易，并用商品交换白银。

即便对于那些与奥斯曼帝国有着密切通商关系的欧洲国家而言，亚美尼亚商人的作用也非常重要。此外，如果英国、荷兰、法国、丹麦等国家想要进行东印度贸易，也必须与亚美尼亚商人合作。

到了19世纪下半叶，随着蒸汽船的发展，贸易港口与幅员辽阔的内陆地区联系起来，亚美尼亚商人的作用逐渐减弱。尽管如此，他们的网络依然重要。

第十二章

无国之民如何改变世界历史 2 ——塞法迪犹太人

何为塞法迪人

伊斯兰势力最早入侵西班牙是 7 世纪的事情。此后，西班牙的伊斯兰势力不断扩大，伊比利亚半岛一度被纳入伊斯兰的统治之下。到了 8 世纪初期，基督教的势力范围只保留有北部的阿斯图里亚斯。

此后，随着国土恢复运动的展开，伊斯兰教徒逐渐被赶出伊比利亚半岛。国土恢复运动完成之后，1492 年西班牙完成了统一。同时也在这一年，犹太教徒被逐出伊比利亚半岛。此时被驱逐的犹太人，被称为"塞法迪人"。

与亚美尼亚人不同，塞法迪人是没有核心的流散民族。他们大多居住在阿姆斯特丹，伦敦、安特卫普、里窝那等

城市也有居留地，但没有核心的据点。也正因如此，塞法迪人的活动区域比亚美尼亚人更为广阔。

塞法迪人将甘蔗（砂糖）的制法传到加勒比海，从印度教徒那里进口钻石，从地中海地区出口珊瑚等，在世界历史上起到了极其重要的作用。当今犹太人的钻石网络的基础，可能就是由塞法迪人奠定的。

本章将考察塞法迪人的网络是如何建构的，它又给世界经济带来了怎样的冲击。

扩散的塞法迪人

在收复失地运动完成之前的 200 年间，西班牙的犹太人口持续减少，到 1492 年已没有名义上的犹太人。

1478 年，西班牙的 20 多万犹太人中有 10 万多人拒绝改变宗教信仰，于是这 10 万多人被流放到了葡萄牙。但是，葡萄牙国王曼努埃尔在与西班牙国王费尔南多和伊莎贝拉所生的女儿结婚之后，为了维护与西班牙的关系，曼努埃尔宣布要在 11 个月内将犹太人驱逐出境。

但曼努埃尔也认识到了犹太人在经济上的重要性，所以想尽办法把他们留在国内。1497 年 3 月 19 日，葡萄牙

第十二章　无国之民如何改变世界历史 2——塞法迪犹太人

政府发布命令，要求所有 4—14 岁的犹太儿童接受天主教的洗礼，以此避免被驱逐出境。此时转变为基督教徒的人，被称为"新基督教徒"。

1500 年代初期，为了进行贸易，新基督教徒开始在今比利时的安特卫普定居。他们与为了躲避西班牙人、葡萄牙人，甚至是因西班牙人的迫害而逃往北非、土耳其、地中海其他地区的家人保持着经济联系。逃离西班牙和葡萄牙统治的人们再次改信犹太教。1540 年代，塞法迪人在安特卫普过着比较自由的生活。但这个城市在 1585 年被西班牙国王腓力二世攻陷，成了西班牙的领地，于是这种自由也丧失了。

1579 年以后，被认为是塞法迪人的人们从伊比利亚半岛和西属尼德兰逃往荷兰共和国居住。尽管大部分荷兰人都属于改革派教会，但他们似乎并不想迫害犹太人。那是因为犹太人能够带来财富。

到了 17 世纪，荷兰共和国进一步接纳犹太人。1639 年，犹太人被允许公开信仰犹太教。

随后，塞法迪人也移居汉堡。在 16—17 世纪的汉堡，使用葡萄牙裔和西班牙裔名字的人中，有一部分可能是塞

法迪人。汉堡也是对宗教宽容的城市,塞法迪人虽然不能取得市民权,但可以从事商业活动。因此,也有为了逃避迫害而来到这里的商人。

另外,从17世纪到18世纪前半叶,犹太人与欧洲全球性海洋帝国的形成有着非常密切的关系,其中心城市是阿姆斯特丹和意大利的里窝那。

在加勒比海种植甘蔗的塞法迪人

塞法迪人在大西洋贸易中非常活跃。为了在更自由的土地上活动,塞法迪人从事大西洋贸易,并且移居到新大陆。

美洲的甘蔗种植园

第十二章　无国之民如何改变世界历史2——塞法迪犹太人

16世纪，巴西成为葡萄牙的领地。同世纪中期，巴西引进种植园体制，开始生产甘蔗。16世纪末，巴西东北部的伯南布哥和巴伊亚成为世界上最重要的砂糖生产地区。17世纪初，伯南布哥落入荷兰人之手。1654年，伯南布哥再度成为葡萄牙的殖民地，加勒比海的荷兰殖民地也开始生产甘蔗。

在这片殖民地上，荷兰种植园主役使奴隶种植甘蔗。但实际上对甘蔗生产发挥了巨大作用的并不是荷兰人，而是塞法迪人。塞法迪人将砂糖的种植从巴西扩展到西印度群岛，这对荷兰海外种植园殖民地的发展做出了巨大贡献。从巴西逃出来的塞法迪人在加勒比海一带寻找移居地。

他们熟知甘蔗的种植方法。这些塞法迪人中的一部分人移民到了荷兰、英国、法国的殖民地。在牙买加岛等地，他们经常被批评为"犹太人奴隶主"。当时，加勒比海到北美、南美都形成了犹太人的共同体，但他们基本上都是塞法迪人。通过塞法迪人的网络，他们将甘蔗的生产方法推广到新大陆。

但到了18世纪，他们在大西洋贸易中的作用有所下降。这不仅是因为各国的军事力量变强，大西洋成为战场，

同时国家也加大了对大西洋贸易的介入。这样一来，独立性较高的塞法迪人的地位就被削弱了。

而且，因为塞法迪人住在新大陆，他们与欧洲商人的联系逐渐减弱。拥有跨越国境的贸易网络的塞法迪人，其存在价值（存在理由）逐渐丧失。

地中海的珊瑚向印度出口

因此，从整体上看，塞法迪人的贸易网络转移到了东方。原本由葡萄牙进行交易的钻石，变成由居住在里窝那的塞法迪人进行交易。作为交换，开始出口地中海的珊瑚。

弗朗西斯卡·特里维拉特研究认为，里窝那的塞法迪人将地中海的珊瑚出口给印度的印度教徒，印度教徒将钻石出口给塞法迪人。

根据特里维拉特的说法，由于欧洲在印度洋的贸易增加，地中海珊瑚的重要性提高。欧洲原本几乎没有可以出口到亚洲的商品，所以对珊瑚的需求非常旺盛。

各种各样的珊瑚装上葡萄牙船，通过好望角航线到达果阿。珊瑚在西非被用于购买奴隶，有的甚至被出口到白海的阿尔汉格尔斯克。

第十二章　无国之民如何改变世界历史2——塞法迪犹太人

到了18世纪中叶，里窝那成为了世界珊瑚贸易和制造的中心。由于珊瑚从采集到制造的所有过程都集中在一个地方，这大大降低了珊瑚出口的成本。

与珊瑚相反，印度出口的是钻石。在1728年第一次从巴西运送钻石（或许是由塞法迪人）之前，印度次大陆一直是钻石生产的中心地，其中最重要的地方是印度中部的戈尔康达。葡萄牙从一开始就盯上了印度的钻石。

印度的钻石经由黎凡特运往欧洲。在中世纪，印度的钻石几乎都是在威尼斯被切割、打磨，还有一些被运往安特卫普、里斯本和巴黎。由此可见，葡萄牙和威尼斯是竞争关系。

犹太人长期从事钻石贸易。到了1660年代，英国东印度公司中的私贸商人从印度向英格兰进口钻石。英国东印度公司把钱贷给私贸商人，鼓动他们从事钻石贸易。英国东印度公司还从事向印度出口珊瑚的贸易。

塞法迪人具备了在世界市场上交易钻石所必需的诸多要素，如严守秘密，高水平的合作、接触和统合，接近情报，通过长途贸易建立长期信用，贸易形态能够因地制宜。因为他们经营着家族企业，即使没有徒弟，也能够传授专

业知识。

在17—18世纪,里窝那取代马赛和热那亚成为珊瑚贸易和制造的中心,阿姆斯特丹则取代安特卫普成为钻石切割和打磨的中心。塞法迪人控制着钻石产业,雇佣了不断壮大的东欧犹太人——阿什肯纳兹的难民。塞法迪人、意大利人和印度教徒联合起来,形成了非常庞大的商业网络。

与亚美尼亚人网络的比较

塞法迪人的网络是近代最具灵活性、覆盖范围最广的商业网络。这个网络囊括了近代的大多数强国,如奥斯曼、威尼斯、葡萄牙、西班牙、荷兰、英国、法国。从网络的广度来看,其和亚美尼亚人的网络不相上下。但是,这两个网络存在两个方面的重要差别。第一,塞法迪人最初的活动中心是大西洋,而不是印度洋。这与新朱尔法的亚美尼亚人有着很大的不同。

第二个差异是,如前所述,塞法迪人并没有具有向心力的特定中心。对塞法迪人而言,他们的网络没有核心,相反有好几个中心,如里斯本、阿姆斯特丹、里窝那、汉堡、伦敦、萨洛尼卡、伊斯坦布尔。正是因为没有特定的

第十二章 无国之民如何改变世界历史 2——塞法迪犹太人

英国女王伊丽莎白一世,衣服上缀满宝石

核心，反而能够应对突发事件带来的风险。

此外，塞法迪人的网络也在发展海上航线。在这一点上，他们也明显不同于新朱尔法的亚美尼亚人。

17世纪下半叶到18世纪上半叶，塞法迪人对世界贸易的参与达到了顶峰。当时的两个中心是里窝那和阿姆斯特丹。与这两个城市相比，伦敦的重要性相对较弱。

伦敦是塞法迪人与马德拉斯交换珊瑚和钻石的重要地点。英国东印度公司的垄断权并没有涉及钻石交易。此时，伦敦的塞法迪人得到了里窝那塞法迪人的帮助。

由此可见，塞法迪人的网络覆盖范围非常广，在欧亚大陆与美洲的物流中发挥了不可或缺的作用。

第十三章

英国人的"茶文化"如何形成

何为"中国语"障碍

1757年以后,清朝的对外贸易正式限定为广州一港。虽然广州之外仍有多个港口在进行民间贸易,但广州才是面向外国的唯一"正式的"窗口。

那么,现实中广州的贸易是如何运营的呢?

据瑞典历史学家丽莎·赫尔曼所说,中国政府在广州仅安排了4名翻译。

因此,随着与广州贸易的增加,官员们别无选择,只能另外雇佣助手。比如,英国商人查尔斯·弗雷德里克·诺布尔说:"因为几乎没有会说外语的中国商人,我们雇佣了会说英语或者葡萄牙语的人。所以,对法国人、荷兰人、丹麦人来说,须要会说以上两种语言的任何一种。"

商人将了解的事情传达给官员,海关官员记录所有货物的价格和数量。最终,中国官员因为掌握了源源不断的信息而处于有利地位。此外,为了让中国政府获利,翻译甚至故意进行错误翻译。对欧洲人来说,中国语是非常难的语言,所以很多欧洲商人认为要是中国人会说欧洲的语言就最好不过了。

因此,为了避开中国官员的干涉,中国商人和欧洲商人为了尽可能不使用翻译而创造了一种共通的语言。这是混合了中国语、马来语、葡萄牙语和英语的人工语言。

由此可见,在商业活动之中,中国政府和中国商人的利益并不一致。这种钻国家制度空子的经商行为在18世纪中叶也仍然存在。

在被清政府限定为唯一的对外贸易港口之前,广州就已经开始向欧洲出口茶叶了。但是,欧洲只有英国大量消费茶叶,虽说俄罗斯也是饮茶的国家,但其消费量在18世纪似乎并不多。

英国和中国的贸易被英国东印度公司所垄断。因此,从理论上讲,广州出口到英国的茶叶应该几乎都是用英国船进行运输,但实际上也有其他国家的船只参与运输。

第十三章 英国人的"茶文化"如何形成

这到底是为什么呢？

在此，我们将研究跨越国境的国际贸易商人的部分活动。

"小国"瑞典发挥的巨大作用

在英国和荷兰以外，还有名为"东印度公司"的公司，它们不像英、荷的公司那样拥有强大的军队。至于瑞典东印度公司，其规模要小得多。

瑞典东印度公司的名称，在瑞典当地可谓是鲜为人知。至于这个公司的贡献就更是无人知晓了。但是，对于英国来说该公司发挥了重要作用。

近年的欧洲商业史研究中，小国发挥的作用成为关注的重点。对大国来说即使是很难获利的贸易，对小国来说也可能是巨大的利润。许多小国在当时保持中立政策，并大力发展海运事业。瑞典就是这类国家的代表。

瑞典东印度公司于 1731 年得到特许证而成立，于 1813 年解散。其根据地在瑞典西海岸的哥德堡。在该公司活跃的 80 多年中，进行了 132 次前往亚洲的航行。

前往广州的有 124 次，同时前往广州和印度的有 5 次，只前往印度的有 3 次。特许证授予该公司与好望角以东所

有地区的贸易垄断权，但现实中这意味着瑞典东印度公司与广州的贸易。

而且，瑞典出口到中国的货物极少，可以说几乎就是专注于从中国的进口事业。进口的货物大部分是茶叶。在瑞典东印度公司的进口额中，茶叶的比例在1770年占69%，1780年则达到了80%。

尽管该公司在广州有驻外商馆，但是它没有海外领土和殖民地，员工人数保持在250—300人的程度。该公司将从广州进口的茶叶在哥德堡进行拍卖。因此，绝不能将瑞典东印度公司视为拥有特权的商业公司，因为拍卖是谁都可以参加的自由经济活动。

瑞典东印度公司和奥斯坦德公司有着很密切的关系，尽管后者只在1723—1727年之间短暂存在。正如其名，奥斯坦德公司是以奥斯坦德为根据地的、奥属尼德兰的贸易公司。瑞典东印度公司的很多员工原来都是在该公司从事贸易活动。

需要记住的是，瑞典人是喝咖啡而不是喝茶。因此，大部分茶叶都被再次出口。通常，瑞典东印度公司的再出口额占总出口额的20%—30%。这些茶叶首先出口到了荷兰与奥属尼德兰，这是由于前奥斯坦德公司的缘故。在那里，茶叶被运往德国内地、法国、西班牙、葡萄牙，以及地中海地区，然后再运输到英国。英国是欧洲最大的茶叶消费国。

18世纪伦敦的茶馆

由此可见，茶叶并不是直接从哥德堡出口到英国，而是先运到荷兰与奥属尼德兰，然后再出口到英国。为什么要采取这样绕圈子的做法呢？这是为了走私茶叶。在瑞典，茶叶是低档物品，如果是走私的话价格会更低，即使是低收入阶层也能买得起。

当时英国的茶叶市场被英国东印度公司垄断,因为关税高昂,茶叶在英国国内成了价格昂贵的商品。因此人们开始寻求价格便宜的走私品。据推算,在1745—1746年间,英国人为了走私茶叶而支付的金额每年大约为80万英镑。仅此一项就可以进口约1500吨茶叶,这恰好是斯堪的纳维亚的茶叶进口量。

但是,1784年《皮特减税法》将茶叶的税率从110%削减到了12.5%。因此,英国东印度公司将进口茶叶的价格下调。

至少在那之前,瑞典东印度公司等向荷兰与奥属尼德兰出口的茶叶,恐怕早已被带入英国,成为低收入阶层的饮品。

法国东印度公司的走私

18世纪的法国在与英国竞争大西洋贸易中扩大了贸易量。在某些情况下,法国贸易增长率比英国还要高,但是在亚洲此时尚无能力进行大的活动。

与英国、荷兰一样,法国也于1604年创设了东印度公司,1664年将该公司转变为国营公司,1719年改名为印度

第十三章 英国人的"茶文化"如何形成

公司,同东、西印度进行贸易。但在1731年,因为非洲和路易斯安那的路线被切断,其再次专注于东印度贸易。之后,该公司于1795年被清算(破产)。

法国东印度公司在茶叶进口方面发挥了重要作用。与瑞典东印度公司一样,该公司将进口的茶叶走私到英国。

法国东印度贸易的根据地是布列塔尼地区的洛里昂。在17世纪末,布列塔尼的人口约为200万,占法国总人口的10%。港口城市圣·马洛向西班牙供给纺织品,并将法国的产品运送到西班牙。圣·马洛是与世界进行往来的城市,大陶芬号于1713年从这里出发,绕过南美洲最南端的合恩角,将纺织品(亚麻布)运抵秘鲁,之后用美洲白银购入中国商品,再返回法国。

原本美洲出产的白银,却成了在中国购买产品的货币。但在18世纪,纺织品、贵金属、奢侈品也作为货币使用,所以美洲白银的使用频率有所降低。

法国的主要商品是咖啡和茶叶,茶叶的进口量从17世纪末的10万磅(重量)急剧增加到18世纪下半叶的近200万磅。此外,香料、胡椒和棉花也是十分重要的商品。

在此应该关注的是茶叶的进口。与瑞典一样,法国也

是咖啡消费国，而并不是茶叶消费国。因此，极可能是将这些茶叶走私到了欧洲最大的茶叶消费国英国。根据德尔米尼一项有关法国茶叶进口的研究，在1749—1764年间，法国从广州进口茶叶的总额年平均达到了1192万5288里弗，在1766—1775年茶叶的年平均进口额达到了1288万5739里弗。其中，布列塔尼所占的比例分别为42.7%和50.2%。在这个时代，布列塔尼占法国茶叶进口总量的82.5%，其中大多数都出口到布列塔尼的南特市。18世纪的南特不仅以奴隶贸易城市而闻名，其从广州进口的茶叶也十分重要。甚至，作为法国东印度公司的进口物品，有时茶叶比咖啡还多。

布列塔尼进口的茶叶主要被运送到了英国和荷兰。对英国的运输可能大部分都是走私。目前尚不清楚从荷兰再运送到哪里，但可能有部分再出口到了英国。因为布列塔尼的茶叶较为高档，可能英国的富裕阶层才能饮用。

若无茶叶走私，茶就不会在英国普及

如果按人均计算的话，英国可能是18世纪世界上最主要的茶叶消费国。但是，茶叶不一定都是英国东印度公司

第十三章 英国人的"茶文化"如何形成

进口的。

英国、英吉利海峡和北海沿岸的国家与中国进行贸易，本就是基于许多英国人开始喝茶这一事实。在1784年实行减税法之前，走私的茶叶数量据说有400万—600万磅，也有研究者认为是750万磅。17世纪中叶，茶叶走私已经成了普遍现象。

对于欧洲人来说，茶叶是重要的走私品。例如，茶叶从广州出口到汉堡，但这个城市的腹地是易北河流域，甚至是波罗的海地区，因此，不太可能将茶叶出口到那里。汉堡被称为"小伦敦"，因为汉堡与伦敦有着密切联系，所以茶叶可能从汉堡走私到了伦敦。

正是英国对茶叶征收高额关税才导致了走私。在1784年减税法实施以前，对茶叶的税率几乎不低于80%，甚至超过100%也并不稀奇。

减税法减少了走私的诱惑。英国东印度公司的茶叶销售额，1783年是586万英镑，1785年约1508万英镑，数量大大增加了。这大概是走私量大幅下降的缘故吧。

但是，在减税法之前，向英国走私茶叶的最大国家可能是法国，其次是瑞典。法国走私的是高档茶叶，瑞典走私的是低档茶叶，两国共同推动英国成为世界人均最高的茶叶消费国。

日本的茶道

在日本，川北稔把东印度的茶叶和西印度的砂糖放在一个茶杯里，以此说明世界已经一体化。同时，它也说明了大英帝国的扩张。但和砂糖不同的是，红茶并不一定都是由英国船从东印度和中国合法进口的。如果没有走私的茶叶，英国人可能不会对茶如此痴迷。

从广州到欧洲大陆再到英国，开辟了一条走私的道路。

第十四章

为何英国诞生了世界上最早的工业革命

欧洲是纬度较高的地区,因此植被贫瘠,人们缺乏营养,这是欧洲不得不进行海外扩张的原因之一。

欧洲人的主食小麦和黑麦,在近代以前就开始生产。但是,马铃薯和西红柿是来自新大陆的进口食品。尽管如此,马铃薯和西红柿很快就在欧洲生产成功,欧洲人以卡路里为基础的食品自给率大幅上升。

但是,咖啡、茶叶、砂糖等热带地区种植的嗜好品[①],在欧洲内部无法生产,只能依靠进口。

另一方面,亚麻、麻、亚麻布(作为绳索和帆而使用)

---

① 嗜好品是指不以摄取营养为目的,而是为了满足个人对香味、刺激等嗜好的饮食品,如烟、酒、茶、咖啡等。——译者注

等海运材料,则是收获于低温的波罗的海地区和北海沿岸。

本章试图说明这些商品的生产和流通是相互关联的,并极大地促进了欧洲的海外扩张。

工业化以前已有工业化——何为原始工业化

关于"工业化前的工业化",即工业革命=工业化前欧洲"工业化"的研究,在世界上引起了巨大反响。这种"工业化前的工业化",被称为"原始工业化"。

这个概念最初是由美国经济史学家富兰克林·门德尔松提出的。他在1972年发表的《原始工业化:工业化的第一阶段》一文,不仅受到经济史学家的关注,也为多数历史学家所熟知。

简而言之,所谓原始工业化,是指以纺织品生产为中心的农村工业的发展。农村分为生产谷物的农业地区,和生产亚麻、麻、亚麻布等纺织品的工业地区。

门德尔松认为,在法兰德斯地区①,亚麻布生产增长之后,就需要从附近地区购入谷物。

随着人口的增长,不适合农作物生产的土地上纺织品

---

① 法兰德斯地区,即今法国北部、比利时西部、荷兰南部。——原注

第十四章　为何英国诞生了世界上最早的工业革命

的产量将会增加，适合农业的土地也会发展副业。因此，工业生产和农业生产都将增加。门德尔松认为这最终导致了资本主义经济的增长。

他的这些主张在世界上产生了很大的影响，工业革命是否从农村工业中诞生，人们从这个角度切入进行了大量研究。此外，不仅在欧洲，在亚洲似乎也出现过原始工业化现象。

根据门德尔松的说法，原始工业化是工业化的第一阶段，而工业革命是第二阶段。第一阶段和第二阶段有何种联系，这个问题不仅在欧洲，在日本也被大量学者研究。

门德尔松和他的同僚认为，欧洲各地都发生了从原始工业化到真正工业化即工业革命的转变，许多日本学者也支持该观点。日本也有许多研究者认为，由于农村工业的发展，欧洲迎来了工业革命。

原始工业化理论的失败

但是在现在，原始工业化理论已经失势。现在的研究认为，原始工业化意味着在欧洲所看到的诸如亚麻、麻、亚麻布等纺织工业的发展，但这并没有直接导致工业化。

斋藤修是日本在这一领域的权威,他认为门德尔松的原始工业化理论缺乏解释真正工业化的模型。换句话说,所谓亚麻、麻、亚麻布等纺织工业的发展,并未因此而产生工业革命。

那么,为什么原始工业化没有直接发展成工业革命呢?

引起工业革命的棉织品原本是从印度进口的。印度手工编织的棉印花布价格便宜,触感柔软,因此整个欧洲都很喜欢。另一方面,英国从西非输送奴隶到新大陆的殖民地去种植棉花。它采取的方式是,在本国工厂中使用动力将棉花制成棉织品的成品,再销往世界市场。

英国的棉织品是印度棉花的进口替代品。原始工业化的代表即在欧洲本地种植的亚麻、麻、亚麻布的生产,并没有直接转变为棉织品的生产。

与毛织品不同,棉织品可以多次清洗,不论是炎热地区或是极寒地区都可以穿。正因如此,棉织品成为了世界性的产品。到此为止,作为消费品,对亚麻、麻、亚麻布的需求并没有增长。

原来,英国工业革命的发源地兰开夏郡并不是典型的农村工业地区。不能忘记的是,正是因为模仿了兰开夏郡

第十四章　为何英国诞生了世界上最早的工业革命

英国工业革命初期的棉纺织机

的棉织品生产，欧洲大陆才出现了工业化地区。

那么，所谓的原始工业化为什么会发生？这又意味着什么呢？

工业地区生产的东西是什么

人口压力是原始工业化理论的关键因素。如前所述，近代欧洲的人口增加导致粮食短缺。但与门德尔松的主张相反，这种人口压力并没有导致农村地区分化为农业区和工业区，也没有使农业生产率相应提高，相反，它是通过从波罗的海地区进口谷物解决的。这是门德尔松的错误。

那么，为什么欧洲亚麻、麻、亚麻布的生产扩大了呢？

在大航海时代开始的16世纪初期，西方国家大概是从邻近地区采购海运材料。但是，随着西方国家的航海越来越远，仅凭这些难以满足需求，于是他们被迫从波罗的海地区进口材料。因此，波罗的海的贸易收支中西欧出现了贸易赤字。尽管波罗的海贸易收支在谷物出口方面没有盈余，但由于海运材料的出口，波罗的海其他地区的贸易收支出现盈余。这增加了波罗的海地区人们的可支配收入。

前文已述，原始工业化中生产的主要产品是亚麻、麻、亚麻布等。这些产品除了被当作海运材料用于船用绳索和帆，亚麻布也用于奴隶穿的衣服。

由此可见，原始工业化与欧洲的海外扩张息息相关。将欧洲的农村划分为工业区和农业区，在一定程度上是正确的，而其中的工业地带实际上应该就是欧洲海外扩张所必需的运输材料的供应区域。

根据德国历史学家克劳斯·韦伯的说法，西里西亚[①]的纺织品亚麻布，也作为衣物使用。其经由法国和葡萄牙送往西非，由非洲奴隶穿着。

印度产的棉织品耐用性较差，尽管亚麻布穿起来不太舒适，但使用寿命更长，因此奴隶也穿亚麻布。正是英国的工业革命改变了奴隶从亚麻布到棉布的衣着。

如果没有从波罗的海出口的亚麻、麻、亚麻布，那么西欧就不可能实现大航海时代甚至18世纪大西洋贸易的扩展。

北欧河流的重要性

与地中海地区不同，北欧有数条大河。比较河流长度

---

① 西里西亚，相当于今波兰和捷克。——原注

的话，汉堡所在的易北河长1123公里，而穿过意大利的波河只有650公里。

但是考虑到北海和波罗的海腹地的大小，北欧地区海与河之间的联系显然比地中海地区强得多。

例如，波兰的但泽（格但斯克）在维斯瓦河上，位于今波兰的什切青在奥得河上，俄罗斯的圣彼得堡在涅瓦河上，拉脱维亚的里加是位于道加瓦河上的港口城市。这些城市之间通过河流运输亚麻、麻、亚麻布等海运材料。而这些河流也被用于欧洲的对外扩张。

俄罗斯涅瓦河畔的圣彼得堡

第十四章 为何英国诞生了世界上最早的工业革命

所谓的原始工业区大多都在这些大河沿岸。因此,在阿尔卑斯山以北河流沿岸的几个地区,可支配收入有所增加。

可支配收入增加带来了什么

那么,从前被认为是边缘或半边缘地区的可支配收入增加,又带来了什么样的结果呢?

新大陆运来的殖民地产品[①],从波罗的海或北海海岸出发,经过河流,再通过陆路而运抵欧洲大陆内部。而且,从法属西印度群岛运来的物品最多。

例如,砂糖从法属圣多明各(今海地)运到法国的波尔多,然后沿易北河运到汉堡,在制糖厂被加工成成品,然后被运输到欧洲各地。汉堡是欧洲制糖业最为发达的城市。

没有供求关系的话,商品就不会流通。从北欧来看,因为海运材料的需求旺盛所以供应增加,供应的增加带来了盈余,使得可支配收入增加,进而从新大陆购入的砂糖

---

① 殖民地产品,是指砂糖、咖啡、茶叶、染料等,在这里基本指的是砂糖和咖啡。——原注

和咖啡也有所增加。

即使是在非法贸易的场合,这种流程也不会有所改变。走私品会流向黑市,但黑市也必须遵守供求关系的规律。如果没有盈余,人们的购买力就不会增加,即使是走私的商品,他们也不可能购买殖民地的商品。实际上,在18世纪时期的波罗的海地区,咖啡和砂糖的进口量显著增加。

原始工业化和工业革命的关系

如前所述,门德尔松等人认为原始工业化是工业化的第一阶段,而英国工业革命是第二阶段,但现在他们的观点已经被否认了。原始工业化并没有直接导致英国工业革命产生。

然而,正如这里要讨论的,原始工业化与随后的工业化即工业革命之间即便没有直接的联系,但也存在间接的关联。这也是事实。

换言之,如果没有原始工业化,大西洋经济就不会形成,如果大西洋经济没有形成,英国工业革命就不会发生。

英国工业革命的产生,是基于棉织品工业的发展。之

第十四章 为何英国诞生了世界上最早的工业革命

所以能够做到这一点,正是因为新大陆殖民地种植的棉花可供使用,更重要的是由于大西洋经济的形成。对于大西洋经济的形成,从波罗的海等地区进口的海运材料是必不可少的。

并且,对于有点营养不良的波罗的海的人们来说,新大陆生产的砂糖是提供卡路里的重要来源。

就此意义而言,原始工业化确实形成了工业化的第一阶段,这一点值得我们注意。

实际上,英国从波罗的海地区进口了大量海运材料,甚至可以说是英国让这个地区变得富裕。

自门德尔松以来,对原始工业化的研究不断推进,并且已经清楚,在世界各地都曾发生过原始工业化中可以分类的经济现象。正因如此,为什么欧洲特别是英国出现了世界上最早的工业化即工业革命,这个问题越来越难以回答。

但是,如果我的理论是正确的,那么很有可能得出一个答案。英国通过从波罗的海地区进口亚麻、麻、亚麻布等海运材料,从而开启了大西洋贸易。而且,英国在美国种植棉花,并发展出一套将其带回本国将其做成棉织品的体系。

欧洲和其他地区的差异

对于欧洲的工业化即工业革命而言,大西洋经济的形成是不可或缺的,如果欧洲没有向大西洋进军,那么欧洲就不会先于其他地区开始工业化。与此相反的是,其他地区农村工业的发展中就没有这样的动力。

例如,中国也出现了原始工业化之类的现象,但这与中国经济的海外扩张无关。中国的原始工业化并没有产生诸如可支配收入提高、砂糖等食品的消费量增加、人们生活显著改变等效果。

此外,江户时代到明治时代的日本,其原始工业化的发展也与日本的海外扩张无关,对整个日本经济并未产生多大影响,也没有因此而增加砂糖的消耗和使人们的生活变得富足。

从欧洲以外进口到欧洲的商品并不是物物交换的商品,而是在市场上进行交易的商品。因此,尽管有走私行为,砂糖和咖啡基本上还是在市场上交易的,至少市场交易量增加了。而且,英国生产的棉产品也在市场上交易。

如此,欧洲已成为这样的社会,即很多来自欧洲以外

第十四章 为何英国诞生了世界上最早的工业革命

地区的消费品在此上市,这正是欧洲成为富裕社会的旁证。为了购买更多的消费品,欧洲人增加了在市场上的工作时间,从而提升了生活水平。这种活力恐怕在世界其他地区都未曾见到。

亚麻、麻、亚麻布、砂糖、咖啡、棉花和谷物等商品,乍看之下可能没有任何关系。然而,正如本章所述,实际上正是它们极大改变了当时欧洲经济乃至世界经济的面貌。

第十五章

何为美国"海上国境"

脱离英国航海法保护的美国

18世纪中叶的英属北美殖民地（美国前身）产生了所谓"英国化"的现象，即模仿英国上流社会的生活方式，养成了喝红茶等习惯。一个共同的文化圈在大西洋两岸逐渐形成。

此后，因为七年战争（1756—1763），英国政府欠下了巨额债务，要求北美殖民地承担还债的重担。但是，殖民地人民主张"无代表不征税"，认为既然没有向英国派遣议员，那么英国就无权向北美殖民地征税。

当今的日本史学界虽然认为美国一方的发言是正确的，但对英国而言，花费了大量的战争费用保护美国免遭法国侵略，他们有这种看法也是很自然的。

物流改变世界历史

乘船来到北美的早期移民

1783年《巴黎条约》的签署,标志着美国独立战争正式结束,美国独立得到了国际社会的承认。

在殖民地时代,美国在英国的法律之下从事商业活动,但失去了英国的保护之后,美国就不得不独立进行商业活动。独立战争以前,因为是英国的殖民地,北美可以将自己的船派往到英国。独立之后,不再受英国航海法体制保护的美国很快就面临了经济危机。

美国是如何度过这场经济危机的?

一般认为,西部大开发对美国的经济增长做出了重大贡献。但与此同时,美国在18世纪末就已成为仅次于英国的、船舶数量世界第二的海运国家。

早在殖民地体制之下,美国就已经开始发展造船业了,这给美国带来了压倒性的优势。

美国的中立贸易

对美国而言非常幸运的是,独立后不久就爆发了法国大革命和拿破仑战争(1789—1815)。

美洲大陆拥有大量的海运材料,很容易发展造船业。

密西西比河上的明轮船

这与欧洲国家还得从波罗的海地区进口海运材料形成了鲜明对比。此外，由于在（法国）战争期间采取中立政策，美国的航运业得到了显著发展。美国的港口包括纽约、费城、波士顿和巴尔的摩。

此外，美国还与波尔多发展了海运关系。这在1793年开始的法国革命战争中尤为明显。

在1791年的阶段，美国船仅在本国的东海岸和波尔多之间航行。到了1793年，不再有船从波尔多驶往西印度群岛。1793年到1815年之间，装载美国境外制造商品的船已很常见。美国把从波尔多进口的商品运到东海岸，再出口到最终市场，这种情况有所增加。美国东海岸的港口已经成为世界的仓库。

1795年，到达波尔多的美国船数量达到351艘的高峰，因受到大陆封锁令的影响，1809—1814年间美国船的数量减少了很多，但在1795年至1815年，到达波尔多的美国船总数为2410艘，年平均约115艘。

另外，美国在地中海沿岸城市建立了领事馆，与瑞典和丹麦一样，利用中立政策来促进贸易业的发展。而且，地中海的港口具有相互替代的功能，即使某个港口不能使用，还可以使用其他港口。正因如此，欧洲在战争期间还能继续商业活动。美国巧妙地利用了这一点来发展海运业。

美国船主最大限度地利用中立政策，商船数量直线上升。例如，美国船甚至驶往南美最南端的合恩角，横渡太平洋，绕过好望角，到达地中海和波罗的海。

法国大革命和拿破仑战争期间，如果没有美国的中立船，欧洲可能就无法获得必要的物资和材料。美国船为大西洋与欧洲之间的联系做出了巨大贡献。

海上国境

美国不仅拥有陆地疆域，也拥有海上国境，这一点无论如何强调都不过分。虽然规模比英国小，但美国已向世界各地派遣船队。可以说，美国是向世界各地派遣舰队的先驱。

1823年12月，美国总统门罗发表《门罗宣言》。此举旨在排除欧洲国家在维也纳体系下对美洲大陆的干涉，这也通常被认为是美国孤立主义的外交宣言。但这部宣言也可视为美国对南、北美洲海运业的保护政策。美国是仅次于英国的世界第二大海运国家。因此，《门罗宣言》的出

台，也表明了美国不让英国海运业进入南、北美洲的意图。

1861年，美国爆发了南北战争。众所周知，这场战争是在奴隶制州和反奴隶制州之间进行的。但作为世界第二的海运国家美国，不论是奴隶制州还是反奴隶州，从1840年代开始都从世界最大的砂糖生产地西属古巴运送黑人奴隶生产的砂糖，这是不争的事实。所谓的反奴隶州，说到底只是在国内不使用奴隶，并不是不运送国外奴隶所生产的商品。

西属古巴的奴隶制直到1880年才被废除。在此劳作的黑人奴隶所生产的砂糖，大部分都是由已经废除奴隶制的美国船运送。

美国的经济增长与海运业的发展有很大关系。

第十六章

19世纪亚洲和西欧的经济实力为何如此悬殊

19世纪全世界的市场一体化

奥罗克和威廉姆逊著有研究19世纪全球化的《全球化与历史》,根据他们的说法,就各种商品的价格逐渐趋同这一意义上讲,世界一体化始于1820年代。

所谓价格差的消失,是指运输成本大幅下降,同样的商品在世界各地都以相同价格出售。

他们认为,在19世纪下半叶,商品和生产要素[①]的市场在全世界范围内被整合起来。第一次世界大战开始时,几乎没有与世界市场没有联系的地方了。换言之,世界经济已经一体化了。

---
① 生产要素,即劳动力、土地、资本。——原注

在他们看来,全球化的主要因素是贸易和大量移民。他们进而认为,英国的开放经济正是世界一体化的原因。在 1873—1914 年,世界范围内的实际工资差异已大为缩小。

1869 年,苏伊士运河开通,欧洲和亚洲的距离大大缩短。运输手段发生了巨大变化:帆船变为蒸汽船[①]、改良蒸汽引擎等引入提高运输效率的方法。其结果就是,英国利物浦和印度孟买之间棉花价格的差距,在 1857 年是 57%,1913 年则缩小到了 30%。

随着蒸汽船和铁路的发展,运输成本显著降低。因此,劳动力可以更方便地在世界上流动。如后文所述,在 1890 年—1910 年间,铁路公里数急速增加。换言之,19 世纪是以蒸汽船、铁路为代表的"蒸汽时代"。

资本流动也在增加,工业国家对贫困国家进行了巨额投资。

在这样的社会中,物流以及人口流动发生了怎样的变化呢?

---

① 帆船本就不能在苏伊士运河航行。——原注

19世纪欧洲经济有多大发展

安格斯·麦迪逊（1926—2010）将毕生精力致力于世界经济增长率的测定，在这一领域取得了惊人的成就。但也有人指出，他的推测本身就是从稀少的数据中归纳出整体情况，所以并不可靠。但即便如此，作为长期的数据，也没有比他的研究更好的成果了。另外，经济数据齐备的19世纪以后的数据达到了直接使用也没有问题的精度。为了与19世纪进行比较，制作了表7。

表7 世界主要地区的人均GDP（1990年国际美元）[①]

	公元1年	1000年	1500年	1820年	1870年	1913年
西欧	576	427	771	1202	1960	3457
亚洲	456	465	568	581	556	696
拉丁美洲	400	400	416	691	676	1494
东欧和前苏联	406	400	498	686	941	1558
非洲	472	482	416	421	500	637
世界	467	450	567	667	873	1526

---

① 依据安格斯·麦迪逊著，政治经济研究所译《世界经济史概观 公元1年—2030年》（岩波书店，2015年）第92页表2-1制作而成。——原注

物流改变世界历史

公元1年到公元1500年的数据可信度较低。但19世纪世界各地产生了明显差距,这是毫无疑问的。亚洲的话,将1500年和1870年相比,人均GDP反而下降了。

西欧比其他地区富裕是19世纪的现象。另一方面,亚洲和非洲1913年的数值,不用说1820年,即便是与1500年相比也不算高。但在1870—1913年,其他地区的人均GDP上升显著。

西欧的崛起发生在19世纪,其原因无疑是工业化。

铁路的发达导致铁工业飞跃

欧洲整体的工业化始于18世纪下半叶的英国工业革

英国早期火车

命。然而，从19世纪开始欧洲大陆才实现真正的工业化。

铁路在欧洲工业化进程中发挥了极其重要的作用。铁路不仅便利了人员和商品的流动，而且因为使用了大量的铁，对于铁工业的发展也有重要贡献。加之蒸汽船的发展，进一步增加了铁的需求。

角山荣对铁工业的发展进行了准确的分析[1]，我想在此一边介绍他的研究一边展开讨论。

角山将世界资本主义的发展阶段分为以棉业为中心的阶段（1760—1850），以铁工业为中心的阶段（1850—1873），和以资本输出为中心的阶段（1873—1913）。

在过去棉制品出口的基础上，英国作为铁制品的中心，经济得到飞跃式发展。例如，生铁的出口率从1850年的44%增长到1869—1872年的60%。

与英国的铁工业相比，法国的铁工业虽然起步较晚，但1851年以来也有很大发展，1870年施耐德每年生产超过13万吨的铸铁和超过10万吨的生铁，成为欧洲首屈一指的大企业。

---

[1] 角山荣：《世界资本主义形成的逻辑构造》，河野健二、饭沼二郎编：《世界资本主义的历史构造》，岩波书店，1970年。——原注

在德国，由于大型高炉的使用，以鲁尔地区为中心的铁工业急速发展。1860年生铁产量是52.9万吨，到了1872年猛增到了200万吨。

因为瑞典是铁的生产国，所以国内有足够的铁可以满足本国的工业化使用。

铁路建设推动了铁工业的发展。世界铁路的总公里数，1847年为25100公里，1867年为157600公里，1885年为487000公里，1905年则达到了886000公里。

欧洲内部的铁路建设于1850年由法国开始建设，1870年德国作为推动者而开始崛起。英国也决定在欧洲以外的世界兴建铁路，特别是非常重要的印度。

在20世纪初期，印度铁路的总长度达到了40000公里。

大为改善的欧洲人的饮食状况

由于欧洲内部铁路网的发展，欧洲以外的食品运抵各地后通过铁路运往消费地。

马铃薯原产于安第斯山脉，19世纪被引种到全德国，特别是为下层社会的人们所食用。因此，德国下层社会的人们所摄取的卡路里基数上升了。

第十六章 19世纪亚洲和西欧的经济实力为何如此悬殊

此外,砂糖的原料从热带产的甘蔗变成了欧洲产的甜菜。因此,整个欧洲的砂糖生产量和消费量都大幅增加,欧洲人的卡路里基数上升,营养状态大为改善。与已经进口到欧洲的咖啡、茶、可可等一起丰富了欧洲人的餐桌。

铁路缩短了横穿欧洲大陆的时间,欧洲世界已成为一个市场,食物可以快速供应。对此,大卫·柯比这样描述:

> 工业化以前的时代,在欧洲沿海地区以外的地方,所消费的大部分鲜鱼都来自河川、池塘和湖泊。即使到了1843年,像埃尔福特这样的德国内陆城市新鲜的海鱼也极为罕见,令人们兴奋不已。赫尔戈兰岛的水产业者和德国沿海的渔业社区为市场狭隘所困扰,对于他们来说,汉堡铁路的开通无疑是一种救赎。铁路的出现,使得海上捕获的大量鲜鱼能够快速地运往欧洲内陆的城市和城镇。[①]

---

① 大卫·卡比、梅尔雅·利萨·印金莲著,玉木俊明等译:《欧洲北方的海——北海、波罗的海的历史》,刀水书房,2011年,第213页。——原注

由此可知,铁路将鲜鱼运到了欧洲大陆各个城市。因此,欧洲人的饮食状况有了很大的改善。

远渡大西洋的欧洲劳动者

随着蒸汽船的普遍使用,欧洲穷人渡过大西洋到达美洲已成为现实。

15世纪末,突然被发现的美洲为欧洲人提供了可用资源。如果美洲大陆不存在,欧洲将无法发展大西洋贸易,也无法进行工业化,可能比亚洲还贫穷。

19世纪后期美国"大共和"号上的驾驶舱

第十六章 19世纪亚洲和西欧的经济实力为何如此悬殊

美洲大陆拥有大量的自然资源。与欧洲不同,美国发展产业所必需的自然资源几乎可以只由国内提供。另一方面,美洲大陆的人口很少。因此,人们的工资往往更高。这种时候蒸汽轮船就派上用场了。

1820到1914年,大约6000万人从欧洲乘船来到世界各地。在19世纪初期,运输成本很高,自由劳动者的流动仍很稀少。因此,劳动者在各大陆之间的迁移以奴隶为主。1820年代,流动的自由劳动者每年只有15380人。与之相对的是,输送的奴隶人数为60250人。

在1840年代,自由劳动者的流动猛增到每年178000人。从1846年开始的30年间,欧洲的洲际移民(不一定是到新大陆)年平均约为30万人。

1820年到1940年的国际劳动者的流动,以欧洲到美国的移民为中心。这就是本节不讨论亚洲、而将考察对象限定为新大陆的原因所在。

欧洲移民原本工资很低。例如,爱尔兰人、意大利人和挪威人比国内工资分别上涨了32%、28%和10%。1870年到1910年,国际实际工资差距缩小了28%。在此期间,新大陆和旧大陆之间的工资差距从108%缩小到85%。

如果没有大规模移民，1910年的工资差距估计将达到128%。因此，1870年至1910年的实际工资差距的缩小，移民做出了很大贡献。

来到新大陆的移民的流动成本，将由早前来到新大陆的移民承担。因此，形成了一个由过去移民推动现在移民的体系，历史学家称之为"连锁迁移"。

尽管有如此众多的移民存在，但欧洲工业化的红利并未惠及所有欧洲人。例如，意大利就很贫穷，南部更穷。

斯堪的纳维亚半岛也经历过工业化，但该地区的生活水平赶上或超过整个欧洲的水平是到20世纪的事情了。

因此，认为工业化迅速使欧洲变得富裕是错误的。欧洲确实变得富裕了，但这种影响仍停留在有限的范围内。

另外，美国虽然也进行了工业化，但其人口密度低于欧洲，因此可以推断，由于劳动力短缺导致工资较高。

另一方面，欧洲通过将低薪劳动者驱赶到美国，从而成功地减少了欧洲的劳动者数量，从而提高或维持了他们的工资。

因此，就劳动者的迁移而言，欧洲和美国是相互依存的关系。

第十六章　19世纪亚洲和西欧的经济实力为何如此悬殊

向澳大利亚和新西兰的移民——以女家庭教师为例

在英国，拥有受人尊重的职业是极其重要的。女性能够就业的代表性职业是女家庭教师。女家庭教师是中产阶级妇女可以从事的不被轻视的少数职业之一。

在19世纪中叶的英国，女家庭教师是指为了获得生活之资而从事教师工作的淑女。女家庭教师的人数，1851年的人口普查为21000人，1865年人口普查为25000人。女家庭教师的工资不高，与管家差不多。

女家庭教师本没有接受过教师的专门训练。另外，缝补孩子们的衣服也是她们经常不得不做的事情。因此，毫不夸张地说，她们的地位不过是家庭教师兼女仆，但重要的是，她们在社会上以扭曲的方式被定位为淑女。在阶级社会的英国，女家庭教师是为数不多的被视作淑女的职业。

1848至1853年间，随着女子中等教育机构的开设，女家庭教师的标准有所提高，不符合标准的人很难在国内成为女家庭教师。

因此，在1860年代，殖民地澳大利亚和新西兰开始出现作为女家庭教师而工作的女性。在英国，她们是无法成为女家庭教师的人。英国即将结束帆船时代，蒸汽轮船开始驶往澳大利亚和新西兰。

在本国失业而前往殖民地，这在18世纪的北美殖民地已很常见。在19世纪，远渡印度获得了巨额财富的人作为富豪即印度暴发户而回到了英国。而作为女性劳动者的代表，女家庭教师来到了澳洲[①]。

全球化促进了世界物流的发展，并提高了欧洲人的生活水平，但也扩大了与其他地区的差异。参阅麦迪逊作成的表7可知，从1820年到1913年，西欧的人均GDP有了显著增长，但亚洲和非洲并没有受益。

轮船和铁路运输方式极大提升了物流体系的效率，为欧洲人带来了巨大好处。贫穷的人们主要移民到了美洲大陆，英国还有前往澳大利亚和新西兰的女家庭教师，劳动力的自由流动使不降低欧洲人工资的体系形成。而且，全球化使欧洲人可以买到世界各地的食物，其生活水平大为提高。

---

① 澳洲，即澳大利亚、新西兰及其周边地区。——原注